FACULTÉ DE DROIT DE PARIS

DE L'IN INTEGRUM RESTITUTIO
OB DOLUM

ET

DE L'INFLUENCE DES CLAUSES

DE COMMUNAUTÉ CONVENTIONNELLE

SUR LES DROITS DES CRÉANCIERS

ET LE RÈGLEMENT DU PASSIF ENTRE LES ÉPOUX

THÈSE POUR LE DOCTORAT

PAR

Édouard CROISILLE

AVOCAT A LA COUR D'APPEL D'AMIENS

AMIENS
IMPRIMERIE DE DELATTRE-LENOEL
32, RUE DE LA RÉPUBLIQUE, 32
1882

THÈSE

POUR LE DOCTORAT

DROIT ROMAIN

DE L'IN INTEGRUM RESTITUTIO
OB DOLUM

DROIT FRANÇAIS

DE L'INFLUENCE DES CLAUSES

DE COMMUNAUTÉ CONVENTIONNELLE

SUR LES DROITS DES CRÉANCIERS

ET LE RÈGLEMENT DU PASSIF ENTRE LES ÉPOUX

THÈSE POUR LE DOCTORAT

Soutenue le Lundi 24 Juillet 1882, à midi

PAR

ÉDOUARD CROISILLE

AVOCAT A LA COUR D'APPEL D'AMIENS

Président : M. Boistel.

Suffragants :
MM. Demante.
Garsonnet. *Professeurs.*

Alglave.
Michel Lion. *Agrégés.*

AMIENS

IMPRIMERIE DE DELATTRE-LENOEL

32, RUE DE LA RÉPUBLIQUE, 32

1882

A LA MÉMOIRE

DE MON PÈRE ET DE MA MÈRE.

———

A MES MAITRES.

———

A MON FRÈRE.

———

DROIT ROMAIN

DE L'IN INTEGRUM RESTITUTIO

OB DOLUM

DROIT ROMAIN

DE L'IN INTEGRUM RESTITUTIO
OB DOLUM

CHAPITRE I.

De l'In integrum restitutio en général.

1. L'ancien droit civil était extrêmement rigoureux ; pour lui la forme l'emportait sur le fond, et tandis qu'il refusait souvent tout effet au libre consentement des parties s'il ne s'était pas revêtu d'un rite consacré, il déclarait valable l'acte régulier en la forme, sans admettre la preuve que cette régularité masquait une injustice. Il était formaliste jusqu'à l'iniquité. Sous l'influence des rapports avec la Grèce, les mœurs et le droit s'adoucirent, et le Préteur chercha à remédier aux imperfections du vieux droit, tout en paraissant l'appliquer. Il recourut aux exceptions, aux actions fictices ou utiles. Mais il pouvait se présenter des cas où ces moyens lui paraissaient insuffisants, alors le préteur avait recours à un procédé plus

hardi. Il était armé d'un *imperium* presque sans limites, il en usait pour considérer comme non avenu un acte injuste ; mettant au service de l'équité violée cette puissance souveraine, il contraignit ceux dont le droit civil ne réprimait pas les gains illicites, à respecter les règles de l'honnêteté, et eut recours à l'arbitraire pour protéger la justice. Les esprits s'habituèrent aisément à ce spectacle salutaire de la violence réprimée, de la fraude poursuivie, de l'inexpérience protégée contre ses entraînements.

C'était ce recours au magistrat, cette mise en œuvre immédiate de son *imperium* que les textes appellent proprement *in integrum restitutio, integri restitutio* (1) et quelquefois, quoique rarement, *restitutio in integrum* (2). Nulle part l'habileté du préteur à tourner une législation qu'il voulait user, sans la renverser, ne paraît plus ingénieuse.

2. A quelle époque s'introduisit l'*in integrum restitutio ?* C'est une question à laquelle il est impossible de répondre, même approximativement (3). Certainement elle était déjà employée en l'année 162 avant l'ère chrétienne, puisqu'il en est fait mention dans ces vers de Térence :

. . . . Quod te absente hic filius
Egit, restitui in integrum, æquum ac bonum est,
Et id impetrabis . . . .
(Phormio II, 4, v. 10 et s.)

Elle était même sans doute plus ancienne, car il est assez probable qu'elle s'est introduite d'abord dans le cas

(1) Voir les rubriques des titres 16 du livre 2 au Code, et 1 du livre 4 au digeste.
(2) L. 39, § 6 *de proc.* L. 86. pr. *de adq. hered.*
(3) Accarias, n° 837.

de minorité, par une imitation de la loi *Plœtoria*. Elle se
sera étendue ensuite aux hypothèses d'absence et de
minima capitis diminutio pour arriver enfin à la réparation de la crainte, de l'erreur et du dol. Des constitutions
impériales ajoutèrent encore à ces causes d'origine prétorienne une nouvelle cause. Dans certains cas, la partie
qui aura perdu un procès pourra en demander la restitution en déclarant qu'elle a retrouvé des titres nouveaux (1).
On dit aussi qu'Adrien aurait créé la restitution contre un
jugement définitif rendu sur de faux témoignages (2) ou
de fausses pièces. Nous pensons que les lois citées en ce sens
ne contiennent pas une innovation mais une simple application de la *restitutio ob dolum.*

Lorsque le magistrat eut été chargé d'examiner le fait
aussi bien que le droit, toute différence fut effacée et la
restitution ne conserva plus aucune apparence anormale.
L'influence des traditions anciennes précieusement conser-
vées et le souvenir de son origine lui assignèrent cependant une place spéciale qu'elle garda longtemps.

3. Nous nous demanderons d'abord ce que les Romains
entendaient par le dol, quelle influence ils lui reconnais-
saient et quels remèdes ils lui trouvèrent. Nous chercherons
quelle était, parmi ces différentes protections, la place
propre de l'*in integrum restitutio.* Nous verrons quelles
conditions elle exigeait et par quelle procédure elle se
mettait en œuvre. Enfin nous examinerons ses effets.

---

(1) V. L. 35, *de re judic.* et *eod. tit.* C. L. 4.
(2) V. L. 33 *de re judic.* et C. *si ex falsis.*

CHAPITRE II.

De la Restitution pour dol.

SECTION PREMIÈRE.

DU DOL.

4. Le premier principe, l'axiome fondamental de la science du droit, c'est celui-ci : la volonté est libre. Elle est libre à ce point que nulle force au monde ne peut agir directement sur elle. On ne peut être contraint à vouloir, mais la volonté, loin d'être isolée chez l'homme, exige l'assistance et le concours d'autres facultés. La sensibilité et l'intelligence ont un rôle nécessaire. Celui de cette dernière faculté est capital : on ne peut vouloir sans savoir avant ce que l'on veut ; aussi l'acte de la volonté est-il toujours précédé d'une opération de l'intelligence. Il est par conséquent impossible d'apprécier justement la valeur d'une détermination, sans tenir compte de la lumière qui l'a éclairée. On voit quels sont les moyens qui s'offrent à l'homme qui veut peser sur les déterminations d'autrui. Il arrivera indirectement au but qu'il ne pourrait atteindre directement ; pour agir sur la volonté, il s'adressera à l'intelligence. Sur cette faculté les modes d'action ne manquent pas ; on n'a pu contraindre, on va tromper.

5. Du reste, qu'il y ait dol ou violence, si la liberté est atteinte, elle n'est pas supprimée. La crainte ou l'erreur ne sont que des motifs. Malgré la violence ou le dol, on

reste libre de ne pas vouloir. « *Deceptus aut coactus volui, sed volui.* »

6. Ce dol qui aurait une influence si considérable sur la volonté et partant sur le sort de l'acte juridique, en quoi consiste-t-il? Servius le définissait ainsi : « machinationem quamdam alterius decipiendi causa, cum aliud simulatur et aliud agitur. » Labéon critique cette définition, notamment pour ce motif que la simulation ne sera pas toujours un dol coupable. L'objection se rapporte à l'existence d'un *dolus bonus* et ne manque pas de vérité. On peut soutenir, par exemple, que le créancier qui, à l'aide de tromperies, obtient de son débiteur le paiement d'une obligation régulièrement contractée, ne se rend pas coupable d'un dol blâmable. A côté de cette première acception assez restreinte, il y en avait une autre plus importante. Il y avait des habiletés de procédure, venant en aide à un intérêt légitime ; l'esprit de chicane pouvait servir l'équité, c'était là encore un *dolus bonus.*

7. Deux titres, l'un au digeste, l'autre au Code, sont qualifiés *de dolo malo*, et en celà l'œuvre de Justinien ne fait que se conformer aux termes de l'édit du préteur. « Non fuit contentus prætor dolum dicere, sed adjecit malum : quoniam veteres dolum etiam bonum dicebant (1) ». C'est, qu'en effet, le mot *dolus* était de ceux dont parle Aulu-Gelle, qui sont, à ce point, indéfinis et complexes « ut significare et capere possunt duas inter se res contrarias. » Mais par la force de l'usage, le mot *dolus* finit par ne s'em-

---

(1) *De dolo* L. 1, § 3.

ployer qu'en mauvaise part et ce ne fut plus que dans la
langue du droit qu'on le détermina par un adjectif. C'est
ce que nous dit Festus : « *Doli* vocabulo nunc tantum in
malis utimus, apud antiquos autem etiam in bonis rebus
utebantur ».

8. Nous allons, en examinant les principales définitions
que nous donnent les textes, voir de plus près ce que les
romains entendaient par dol. Aquilius Gallus lui-même en
donna une définition que Cicéron rapporte avec éloges,
dans deux passages de ses œuvres (1) : « dolum Aquilius tum
teneri putat, cum aliud sit simulatum, aliud actum. » La
définition d'Aquilius fut d'abord acceptée sans contestation
et universellement. Elle est reproduite au digeste avec
quelques modifications et attribuée à Servius : « dolum
malum Servius quidem ita definit, machinationem quamdam alterius decipiendi causa, cum aliud simulatur et
aliud agitur ». Au titre *de pactis*, le jurisconsulte Pedius
s'exprime en termes presque identiques (2). Mais les critiques se produisirent et on crut que, malgré l'attestation de
Cicéron, le préteur n'avait pas parlé en homme qui sait défi-
nir : « peritus definiendi ». Pour nous, nous admettons bien
que ces définitions sont imcomplètes, mais non qu'elles sont
inexactes. Il y a dol, nous dit-on, « cum aliud simulatur et
aliud agitur. » Ces expressions comprennent, au dire de
Servius, toutes les manœuvres employées pour tromper.
Or tromper, c'est faire naître une erreur dans l'intelligence
d'autrui. Telle est bien une des conditions essentielles à

(1) *De nat. deor.* III, 30 ; *de offic.* III, 14.
(2) L. 7, § 9.

l'existence du dol. Mais ce n'est pas la seule, et c'est pourquoi on peut accuser ces définitions d'être incomplètes. Ce qui leur manque s'impose presque de soi, et pour cette raison sans doute, a été passé sous silence. Il est en effet évident que le but du préteur était bien plus de réparer les conséquences du dol que de sanctionner la loi morale, et qu'il n'avait certainement en vue que le dol ayant déterminé des actes volontaires.

Tout en approuvant la définition d'Aquilius, Cicéron semble déjà disposé à donner la plus grande extension aux innovations de son collègue et ami; il y voit un remède contre les fraudes de tous genres : « Everriculum *malitiarum omnium*, judicium de dolo malo. » C'est donc que dès le principe la théorie du dol eut une tendance à s'élargir. Le préteur usa librement de l'arme qu'il s'était donnée. Il atteignit tous les actes deshonnêtes, *consistant ou non dans une tromperie*, qui, sous le couvert du droit civil, blessaient l'équité « per occasionem juris civilis contra naturalem æquitatem. »

On comprend qu'en présence d'une telle pratique, les jurisconsultes aient songé à modifier la définition primitive. Ulpien nous dit que ce fut l'œuvre de Labéon. « Labeo autem, posse et sine simulatione id agi, ut quis circumveniatur : posse et sine dolo malo aliud agi, aliud simulari : sicuti faciunt qui per ejusmodi dissimulationem deserviant, et tuentur vel sua vel aliena. Itaque sic definit: *dolum malum esse omnem calliditatem, fallaciam, machinationem ad circumveniendum, fallendum, decipiendum alterum adhibitam.* Labeonis definitio vera est. »

Que voyons-nous dans les critiques de Labéon ? Une première observation se référant à l'existence d'un *dolus bonus*, observation que nous avons déjà approuvée ci-dessus, et une autre critique exprimée ainsi : *Posse sine simulatione id agi ut quis circumveniatur.* On peut circonvenir quelqu'un sans qu'il soit nécessaire de recourir à la tromperie. La notion du dol s'est étendue, elle comprend maintenant ces finesses, *omnem calliditatem,* à l'aide desquelles un plaideur malhonnête et habile peut circonvenir, *ad circumveniendum,* son adversaire, sans pour cela l'induire, à proprement parler, en erreur.

SECTION DEUXIÈME

INTRODUCTION D'UNE RÉPRESSION.

9.   L'ancien droit romain ne connaissait pas de recours contre le dol. Il convenait à sa rigueur comme à la sévérité des mœurs de ce temps que l'imprudent trouvât dans son préjudice la punition de sa légèreté. Si la loi ne les protégeait pas, ces *pères de famille* savaient se mettre eux-mêmes à l'abri d'une surprise. Il était dans leurs usages de ne contracter qu'en ajoutant à leurs conventions une stipulation expresse destinée à écarter le dol. C'est ce qu'on a appelé la *clausula doli.* Nous en retrouvons des exemples au digeste (1) : *spondesne dolum abesse et abfuturum. Si non dolus malus abfuisset centum dare promittisne ?*

Les moyens de répression du dol sont assez nombreux

(1) *De verb. oblig.* L. 53, 119 et 123.

dans le droit classique. Il s'en faut de beaucoup qu'ils aient été introduits d'un seul coup ou par une très rapide succession.

Nous en trouvons d'abord quelques-uns destinés à réprimer le dol, dans des circonstances particulières ; ce n'est que postérieurement qu'on parvient à le punir d'une façon générale.

§ 1. — *Modes exceptionnels*:

10. 1° Au v⁰ siècle, la loi des 12 tables elle-même organise le *suspecti crimen* contre le tuteur dont la gestion atteste la fraude ou une négligence telle qu'on doive l'assimiler à la fraude (1).

11. 2° Une loi *Plœtoria* (c'est ainsi que la désigne la table d'Héraclée), organisait un *judicium publicum* destiné à punir la « *circumscriptio adolescentium* (2), c'est-à-dire le fait de ceux qui auraient frauduleusement abusé de l'inexpérience d'un jeune homme de moins de vingt-cinq ans. Le châtiment consistait dans l'infamie et dans l'incapacité de remplir des fonctions municipales.

En outre, un texte du digeste (3), permet de croire que cette loi, ou la jurisprudence, par une très légitime application de cette loi, donnait aux mineurs trompés une exception qui pouvait leur éviter le préjudice causé par l'acte frauduleux. Auraient-ils pu également recourir à une

---

(1) Instit. I, XXII, § 1 à 6 ; XXVI, pr.; Dig. *de susp. tut.* L. 7, § 1 ; de offic. III, 15.

(2) Cicéron, *de natur. deor.* III, 30 ; *de offic.* III, 15.

(3) L. 7, § 1 *de except.*

action ? C'est douteux ; aucun texte ne nous permet de l'affirmer. Nous ne savons même pas si c'est de bonne heure que la jurisprudence leur a accordé cette exception.

Quels qu'en soient les effets, cette loi *Plætoria* nous paraît certainement antérieure à l'époque ou Plaute donnait ses comédies, car nous y trouvons une allusion dans le *Pseudolus* (act. I, sc. III v. 84.)

`    . . . . . Lex me perdit quina vicennaria, metuunt`
`Credere omnes. . . . . . . . . . . . . . . . .`

s'écrie un dissipateur privé de crédit. Cette loi si désagréable à la jeunesse romaine, ne nous paraît pouvoir être que la *lex Plætoria*.

12.   3º On était encore protégé contre le dol dans les contrats de bonne foi (1). Ils étaient sanctionnés, sous le régime des actions de la loi, par la *judicis postulatio*. Dans cette action, l'*arbiter* avait un large pouvoir d'appréciation, il pouvait absoudre le défendeur qui prouvait le dol de son adversaire.

13.   4º Enfin dans les divers cas ou le dol constituait un délit déterminé, il était, à ce titre, puni par les actions spéciales : *furti, legis Aquilæ, injuriarum, de rationibus distrahendis, etc.*

§ II. — *Modes de droit commun.*

14.   Nous avons dit qu'en dehors de ces cas, aucune voie de recours ne s'ouvrait devant la victime du dol. On l'a contesté, et on a fait mieux que de lui en trouver une, on lui a donné le choix entre deux.

(1) Cicéron *de offic.* III, 15.

15. On a prétendu que la victime du dol avait la *condictio indebiti*. En effet, si nous supposons qu'une personne a payé ce qu'elle ne devait pas, elle pourra le réclamer par la répétition de l'indu. Or certainement celui qui a payé par dol, ne devait pas. Nous répondrons que certainement, en droit naturel, celui qui a payé par dol a payé sans devoir, mais que, pour le droit civil, il n'y a pas paiement de l'*indu*, puisque celui qui a payé n'était pas protégé par une exception perpétuelle, comme nous le montrerons plus loin.

Du reste, même en admettant l'existence de la *condictio indebiti*, on ne saurait concéder qu'elle formât un moyen suffisant de réparation du dol; car elle n'est donnée que dans la mesure de l'enrichissement que se serait procuré l'auteur du dol et n'effraierait pas ceux que la loi morale ne retient pas (1).

16. On a soutenu aussi qu'il existait avant Aquilius Gallus des moyens analogues à l'exception de dol; moyens qui auraient été introduits dans la procédure des *legis actiones*, des sortes d'actions préjudicielles. La victime du dol, actionnée par l'auteur de l'acte déloyal, aurait, *in jure*, engagé une *sponsio* sur l'existence du dol, et par ce moyen, le juge aurait été saisi de la connaissance de la fraude (2). On trouve, dit-on, la preuve de l'existence d'une défense contre le dol dans un passage de Plaute. Cripsus, un esclave qui a trouvé une cassette, pour la rendre, se fait promettre une récompense d'un talent. Le propriétaire de

(1) M. Lescœur.
(2) De Savigny, t. V, n° 227.

la cassette, Labrax refuse de tenir sa promesse; il
allègue le dol, et offre de faire juger ce moyen :

> « . . . . . Cedo quicum habeam judicem
> Ni dolo instipulatus sis. . . . . »

Nous repoussons cette téméraire supposition ; la suite
du texte la réfute elle-même, car aux mots :

> « Ni dolo instipulatus sis. . . . . »

Plaute ajoute immédiatement :

> « . . . . . nive etiamdum diem
> Quinque et vigenti gnatus anno. »

Labrax dit : « donne-moi un juge devant qui je puisse
prouver que j'ai été victime d'un dol et que *je n'ai pas
plus de vingt-cinq ans*. Il invoque le droit spécial aux mineurs, la *lex Plœtoria*. Ce passage, loin de confirmer
l'opinion qu'il avait invoqué, la ruine.

Notre conclusion résulte encore de la célèbre histoire de
Canius (Cicér. *de offic.* III, 14). Pythius, en habile filou,
ne s'était pas contenté de l'engagement consensuel de
Canius, il lui avait fait prendre la rigueur du contrat
litteris (*nomina fecit*). Rien n'indique que Canius eût
encore payé, et pourtant Cicéron dit « *quid faceret* ». C'est
bien exprimer qu'il n'y avait pas d'exception à opposer.

17. Ce ne fut qu'en l'an de Rome 688 qu'un praticien,
dont l'esprit équitable et ingénieux sut, en plusieurs points,
corriger les injustices du vieux droit civil, Aquilius Gallus,
publia ses formules sur le dol (*protulit de dolo formulas*),
véritable filet qui ne laisserait, croyait-on, échapper
aucune fraude (everriculum malitiarum omnium) (1).

(1) Cicéron *de off.* III, 14 et *de natur. deor.* III, 30.

17. Nous sommes moins bien renseignés sur l'époque où apparut l'exception de dol. Fut-ce aussi sous la préture et grâce à l'esprit d'initiative d'Aquilius (1), comme nous serions plus portés à le croire, ou vers la même époque, mais sous une autre préture, celle de Cassius, (L. 45 § 33 *de dol. et met. except.*) (2). C'est une question dont l'intérêt est minime et sur laquelle on ne peut s'arrêter.

SECTION TROISIÈME

RESTITUTIO OB DOLUM

18. Avant de rechercher à quelle époque est apparu ce troisième mode de recours, il faut dissiper les doutes qu'on a élevés sur son existence. Ces doutes ont été inspirés surtout par la difficulté de concilier la *restitutio ob dolum* avec les textes que nous avons sur le dol et la règle de la subsidiarité de l'action *de dolo*.

On a prétendu que la *restitutio ob dolum* ne pouvait se produire que sous forme d'exception. Si la victime de la fraude voulait agir, elle devait avoir recours à une autre institution juridique. Une seule se présentait : l'action *de dolo*. Ainsi les deux modes de procéder pouvaient exister sans difficulté. Cette interprétation ingénieuse a cet avantage de laisser subsister le concours des deux procédures différentes, en les préservant de tout conflit. Elle ne se heurte, non plus, à aucun texte formel. Mais elle paraît en

(1) M. Lescœur.
(2) M. Accarias pag. 1045 n° 2.

contradiction avec le système général de la *restitutio*. Dans toutes les autres hypothèses, cette institution n'apparaît pas seulement comme un mode de défense, elle se présente surtout comme un moyen d'attaque. Il en est ainsi qu'il s'agisse de la restitution pour violence, pour minorité ou pour absence. (L. 9, § 4 *quod metus* ; L. 9, pr. *de min.*, L. 1, § 1 *ex quib. caus. maj.*).

Pourquoi la restitution pour cause de dol présenterait-elle seule un caractère différent? Ce résultat est impossible, en présence surtout des textes qui assimilent complètement les différentes restitutions. Dans ses sentences, Paul parle de la rescision fondée sur la fraude, comme de celles basées sur d'autres causes, lorsqu'il dit : « Integri restitutio aut in rem competit aut in personam. In rem *actio* competit ut res ipsa, de qua agitur, revocetur. (L. I, VII, § 2-4).

19. On a été encore plus loin et on a prétendu que les mots *restitutio ob dolum* désignaient, non pas spécialement une voie de recours, le procédé de l'*in integrum restitutio*, mais l'ensemble des moyens de réparation proposés à la victime de la fraude (1). On pourrait, en ce sens, argumenter de l'histoire de Pythius et dire que puisque Canius n'avait aucun recours c'est qu'il n'y avait pas une *restitution* en dehors de l'action et de l'exception de dol. Pour nous, cela prouve uniquement que la *restitutio ob dolum* est postérieure à Aquilius Gallus.

D'autres auteurs ont soutenu que la *restitutio in integrum*, si elle avait existé, avait au moins disparu complè-

_____

(1) Auteurs allemands cités par de Savigny (page 216).

tement à l'époque classique. Ces opinions se heurtent à deux textes très positifs. La loi 1 *de in integ.*, tirée du commentaire d'Ulpien sur l'édit, indique clairement la *restitutio ob dolum*. « Nam sub hoc titulo plurifariam prætor hominibus vel lapsis, vel *circumscriptis* subvenit, sive metu *sive calliditate....* inciderunt in captionem.» Les sentences de Paul (L. I, VII, 2 et 4) énumèrent les causes de restitution sans établir de différence entre cette cause et les autres. Paul et Ulpien parlent de ces voies de recours comme étant encore en usage.

20. A quelle époque est-elle apparue? Des auteurs dont l'opinion a un grand poids (1) pensent qu'elle est venue avant l'action de dol. A l'appui de cette opinion on fait remarquer que c'est un procédé plus primitif, puisque le magistrat y statue lui-même, arbitrairement et sans règles fixes, au lieu de renvoyer devant un juge (2). Nous ne partageons pas cette manière de voir ; nous trouvons, toujours dans l'histoire de Pythius et de Canius, l'indication qu'elle est postérieure. Si elle eût existé alors, le malheureux Canius y eût trouvé une réparation suffisante. Or Cicéron dit qu'il n'avait rien à faire contre Pythius, (*quid faceret*), c'est donc qu'elle n'existait pas encore. Sans doute la *restitutio in integrum* est un procédé en usage bien avant l'époque où vivait Aquilius, mais son application à la répression du dol n'a eu lieu que postérieurement à la création de l'action *de dolo*. Ce n'est que lorsqu'on vit rester quelquefois inefficace ce remède uni-

(1) Notamment de Savigny (page 204).
(2) En ce sens également M. Lescœur.

versel à toutes les fraudes (everriculum malitiarum), qu'on
chercha dans la *restitutio* le moyen de combler ses
lacunes (1).

CHAPITRE III.

Domaine de la restitutio ob dolum.

SECTION PREMIÈRE

DOMAINE THÉORIQUE DE LA RESTITUTIO OB DOLUM.

21. Les principes du droit romain nous conduisent à
attribuer à la *restitutio ob dolum* un domaine considérable,
à voir en elle un des deux grands modes de répression de
la fraude, et le plus employé.

22. En effet, ses applications sont plus fréquentes que
celles de l'exception de dol. Car tandis que celle-ci suppose :
1º un préjudice non consommé ; 2º l'exercice d'une action ;
la *restitutio* sera utile, que l'acte frauduleux ait ou non
produit son effet, qu'il ait ou non été la cause d'une action.
C'est ce qui sera rendu plus clair par des exemples. Si,
grâce à des manœuvres répréhensibles, vous vous êtes fait
promettre, par une stipulation, une somme d'argent,
quand vous m'actionnerez en paiement, je vous opposerai
avec succès l'exception de dol. Mais si j'ai versé les deniers,
elle ne me sera plus d'aucun secours. Au contraire la

(1) M. Accarias.

restitutio in integrum me fera rendre ce que j'ai payé sans le devoir. Si, trompé par vous, je vous ai mancipé ma villa, l'exception de dol ne me protègera que si je ne vous ai pas encore fait tradition, et que je l'oppose à votre revendication. Au contraire, la *restitutio in integrum* sera employée avec utilité, soit que je vous ai fait tradition, soit que je ne vous l'aie pas encore faite. Au premier cas, elle annulera la mancipation et fera revenir *ipso facto* sur ma tête la propriété de ma villa ; dans le second elle me donnera l'action en revendication qui me fera avoir mon bien.

Le domaine de la *restitutio* est pourtant moins vaste que celui de l'action de dol. On conçoit, en effet, qu'une déclaration du magistrat rende non avenue la constitution d'un droit réel ou personnel, ou sa dissolution ; fasse considérer un accord de volonté comme ne s'étant pas produit ; un consentement comme n'ayant pas été manifesté ; une acceptation comme n'ayant pas été faite. Mais il est impossible qu'elle ait le même effet sur des actes matériels. En face d'un meurtre, d'un bris de clôture, d'une destruction, d'un dommage corporel, on ne pensera pas à faire déclarer par le magistrat que ces actes étant frauduleux, seront réputés n'avoir pas eu lieu. Au contraire, on les fera constater pour en demander réparation par l'action de dol. On le voit, la *restitutio* ne sera employée qu'à l'égard des actes juridiques entachés de fraude.

23. Renfermée dans une sphère d'applications moins vaste, son emploi sera pourtant plus fréquent que celui de l'action. Car les actes obtenus par dol et dont on demandera la réparation seront le plus souvent des actes

juridiques, pour lesquels on pourra recourir également à l'action et à la restitution. Dans ce cas les parties choisiront généralement la *restitutio* et c'est toujours elle que le préteur accordera. En effet, et sans entrer dans des difficultés qui trouveront leur place plus loin, nous pouvons constater qu'elle aura un avantage sur l'action de dol. C'est que celle-ci est toujours *in personam scripta*, c'est-à-dire qu'elle désigne comme l'auteur du dol la personne à qui on l'oppose, et ne produit son effet que contre elle : « In hac actione designari oportet *cujus dolo* factum sit » (15, § 3, *de dolo*). Au contraire la *restitutio*, au moins dans le cas d'insolvabilité du défendeur, produira un effet contre les tiers qui auront profité du dol (1). Enfin l'action de dol produit l'infamie, aussi est-elle subsidiaire, (L. 1, § 4, *de dolo*) et le préteur lui préférera-t-il la *restitutio*. C'est ce que dit formellement Ulpien, en énumérant les divers moyens de réparation dont l'existence écartera l'action de dol : « Idem Pomponius refert, Labeonem existimare, etiam si quis in integrum restitui possit, non debere ei hanc actionem competere. » (L. 1, § 6, *de dolo*). Et nous trouvons des applications de cette règle à propos de la restitution des mineurs dans les lois 7, § 1, *de in integr.* et 38 *de dolo*.

Nous pourrions donc conclure que le champ de la *restitutio in integrum ob dolum* était vaste et son emploi très fréquent.

---

(1) Voir des applications de cette idée dans les lois 18, *de interrogat.* et L. 3 § I, *de eo per quem*.

SECTION DEUXIÈME

DOMAINE RÉEL DE LA RESTITUTIO IN INTEGRUM.

24. La conclusion à laquelle nous arrivons dans la section précédente est absolument fausse et insoutenable en face des textes que nous avons sur le dol.

En effet, si la *restitutio in integrum ob dolum* avait eu cette importance, des textes nombreux s'en seraient occupés. Nous n'en trouvons presque pas, tandis que nous en avons un assez grand nombre sur l'action et l'exception de dol. Chacun de ces deux moyens est traité avec ampleur et d'une manière principale; au contraire, ce n'est qu'incidemment et sans aucun développement que la *restitutio ob dolum* se trouve nommée. Bien plus, à côté de ce grave indice, nous trouvons la preuve qu'elle n'avait pas l'importance que le raisonnement nous avait fait lui attribuer. Des textes, au titre *de dolo*, accordent l'action de dol dans des hypothèses où la *restitutio in integrum* aurait rempli le même effet. Comme l'action de dol est subsidiaire, qu'elle ne s'accorde qu'à défaut d'autres moyens de réparation « *si de his rebus alia actio non erit* », comme dit le préteur, dans son édit, c'est qu'on ne pouvait donner la *restitutio*. Car sans aucun doute la *restitutio* aurait été cette *alia actio* dont parlait le préteur. C'est ce qui est dit formellement par Ulpien, dans la loi 1, § 6, *de dolo*; c'est ce qu'il applique dans la loi 38, où il permet au créancier qui aurait fait une remise de dette par suite d'une fraude, d'exercer l'action de dol, seulement s'il est majeur ; car s'il est mineur, il aura la restitution. Mais même au majeur il devrait refuser l'action de dol ; il aurait pu, en effet, recourir à la *restitutio ;* non plus sans doute à la *restitutio ob œtatem* mais à la *restitutio ob dolum.* On concevrait également l'usage de la *restitutio in integrum* dans des hypothèses où Ulpien donne encore l'action de dol (L. 9, § 1, et 2 *de dolo*).

25. Il y a là une difficulté sérieuse qui a frappé tous les interprètes et leur a inspiré des explications bien différentes.

Les uns ont supprimé la difficulté en supprimant la *restitutio ob dolum* elle-même. D'autres ont admis qu'elle avait existé, mais ils trouvent dans sa disparition avant l'époque où écrivaient les jurisconsultes, l'explication de leur silence et des décisions dans lesquelles ils lui préfèrent l'action de dol. Aux uns et aux autres nous avons déjà répondu (1) ; il existe des textes formels de l'époque classique énonçant la *restitutio ob dolum* (2), il n'est pas permis de les négliger pour tourner une difficulté. Efforçons-nous de la résoudre en respectant les différentes décisions que nous donnent les textes.

26. Si l'action de dol, malgré son caractère subsidiaire, était accordée, bien que nous concevions l'emploi de la *restitutio,* c'est que celle-ci n'existait pas dans ces cas. Il y avait, sans doute, coexistence des deux moyens de protec-

(1) Voir ci-dessus n°s 18 et 19

(2) Voir notamment *sentences* de Paul L. I, t. VII § 2 ; Ulpien *dig. de in integr. rest* L. l.

tion, mais pas concours (1). Il est d'autres cas où la *restitutio* pouvait être employée. Les textes ne nous donnent
malheureusement pas une règle précise à ce sujet. Il est
donc assez difficile de les déterminer, et plus encore d'en
fournir une explication incontestable.

Nous croyons que la *restitutio ob dolum* n'existait que
dans les circonstances où elle offrait un avantage sur
l'action de dol. Quand nous disons un avantage, nous
voulons parler d'un avantage particulier et spécial, et non
de l'utilité qu'il y a toujours à ne pas employer une action
infamante. L'illustre de Savigny paraît pencher vers
l'opinion contraire et croire qu'on recourait à la *restitutio*
de préférence à l'action, chaque fois qu'on le pouvait sans
nuire à un tiers non coupable ; c'est-à-dire, « si l'adversaire
de la partie lésée est en même temps l'auteur de la fraude ».
Il avoue lui-même en note que les textes laissent la question
indécise (2). Je m'étonne de sa conclusion ; elle est plus
que conjecturale, elle méconnaît l'autorité d'un texte qu'il
cite lui-même et que nous avons déjà analysé : la loi 38
de dolo. En l'expliquant, il reconnaissait que peut-être les
romains ne préféraient la *restitutio* à l'action que pour le
dol commis au cours d'un procès, pas pour celui commis
dans un contrat. (3)

Pour nous, ce n'est que dans les deux hypothèses suivantes que les romains ont employé la *restitutio in inte-*

(1) Opinion admise notamment par MM. Accarias et Lescœur. Je ne
sais si Maintz a partagé cette manière de voir, il voit bien une difficulté mais ne s'en explique pas. (Cours n° 418 et note 28).

(2) Traité de droit romain t. VII n° 332, p. 215 et n° S.

(3) T. VII, p. 212.

grum. 1° Dans le cas où, par suite de l'insolvabilité de l'auteur du dol, l'exercice de l'action serait inutile. Alors c'est comme s'il n'y avait pas d'action. « Nam is videtur nullam actionem habere cui propter inopiam adversarii inanis actio est (L. 6, *de dolo*). Ce principe sans doute n'est posé nulle part. Mais à défaut de l'énoncé exprès du principe, les textes nous en fournissent plusieurs applications. Un tiers a empêché Aulus Agérius de comparaître devant le magistrat et d'intenter une action contre une personne qui usucapait sa chose ou prescrivait sa libération : Aulus aura contre lui une action prétorienne *in factum*. Mais si le tiers n'était pas solvable, pour lui éviter un préjudice qu'il n'a pas mérité, le préteur lui *restituerait* son action éteinte. (*De eo per quem*, L. 3, *princip.* et § 1) « Ne propter dolum alienum reus lucrum faciat et actor damno adficiatur. » S'il n'y avait pas eu cette action *in factum*, Aulus Agérius aurait recouru à l'action de dol ; et le préteur, en cas d'insolvabilité, eût donné à sa place la *restitutio ob dolum*. La loi 18 *de interr. in jure* permet de faire le même raisonnement. Voici sa décision : un individu était héritier pour moitié, il a été poursuivi par un créancier de son auteur, en l'absence de son co-héritier, il a déclaré *in jure* qu'il était héritier pour le tout ; la *litiscontestatio* a éteint l'action antérieure du créancier contre le co-héritier ; et l'action *judicati* qu'il a acquise contre le défendeur est vaine à cause de son insolvabilité. Il demande la *restitution* de son action primitive pour cause de dol ; Proculus la lui accorde et Julien approuve sa décision. S'il n'avait pas eu l'action *judicati* il aurait eu droit à l'action *de dolo*, et à cause de l'insolvabilité du défendeur, le préteur la lui eût également changée en la *restitutio ob dolum* (1).

2° Dans certains cas où la *restitutio in integrum* fournira un mode de réparation mieux adapté à la nature du préjudice éprouvé. Des textes nous fournissent des applications de cette idée, dans le cas où un dol commis au cours d'une instance, en a amené l'insuccès. Mais soit que cette utilité n'ait pas paru la même à tous les jurisconsultes, soit qu'ils aient différemment apprécié les circonstances de fait, soit enfin que l'existence d'une voie de recours incertaine ne leur ait pas semblé une *alia actio* suffisante pour écarter l'action de dol ; d'autres décisions accordent dans ces cas l'action, sans parler de la restitution ou en la refusant (2). Cette indécision se trahit du reste dans les textes même qui l'accordent. Nous en avons deux. La loi 7, § I, *de in integr*., suppose un dol commis par l'adversaire dans le cours d'un procès déjà engagé, comme l'indiquent les mots *lis* et *adversarius* dont elle se sert. Marcellus accorde la *restitutio* de préférence à l'action de dol ; « et boni prætoris est potius restituere litem. » La loi 33 *de re jud*. rapporte un rescrit d'Adrien dans le même sens. Consulté sur le point de savoir ce qu'il convenait de faire au sujet d'un procès qui avait été gagné, grâce à une corruption de témoins, l'empereur ordonne de remettre le procès dans l'état où il était avant la fraude.

Le motif de ces dérogations à la règle générale est que,

(1) De Savigny, MM. Accarias et Lescœur.
(2) L. 18, § 4, *de dolo*, L. 20, § 1, *cod. tit.*

dans ce cas, il est plus commode et plus simple de recourir
à la restitution qu'à l'action de dol. Pour réussir dans
l'action, il ne suffirait pas de prouver les faits constitutifs
du dol, il faudrait encore établir qu'ils ont été la cause de
l'échec et que sans eux on aurait gagné son procès. On
devrait aussi mettre le juge en état d'apprécier le *quantum*
du préjudice souffert. Cela obligerait à refaire, devant le
juge de l'action, le procès terminé par le dol. Il a paru
préférable de rescinder le jugement et les actes de procédure qui ont été déterminés par la fraude, et de renvoyer
les parties devant le juge primitif, dans l'état où elles
étaient avant les faits dolosifs. C'est la meilleure réparation
du dol, puisque ainsi il se trouve effacé (1). Du reste peut-
être les romains étaient-ils heureux d'être moins sévères
pour un dol commis au milieu des entraînements d'un
procès, que pour celui qui se glisse dans les relations de
deux contractants. La *restitutio in integrum* évitait
l'infamie, c'était probablement encore un motif de la pré-
férer (2).

27. Pourquoi les romains n'ont-ils pas étendu à tous
les cas de dol le remède si commode de la *restitutio in
integrum*. Parce que, quand il a été commis par un tiers
solvable, il est juste et nécessaire de le punir avant
d'atteindre celui qui en a profité, sans qu'on puisse lui
reprocher aucune faute. Et quand même il a été l'œuvre
d'une partie contractante, il leur a paru préférable de ne
pas la soustraire au dur châtiment qu'emporte l'action de

(1) De Savigny, MM. Accarias et Lescœur.
(2) M. Lescœur.

dol: l'infamie. Cette singularité s'expliquera plus facilement encore si on a admis avec nous que l'emploi de la *restitutio ob dolum* est postérieur à celui de l'action du dol. On comprend très bien alors que le préteur n'ait pensé à appliquer ce mode exceptionnel à la répression du dol que pour les cas où l'emploi de l'action lui paraissait défectueux. Pour les autres cas on n'avait, comme auparavant, que l'action et l'exception de dol.

CHAPITRE IV

Conditions de la Restitutio ob dolum.

28. On peut ramener à six les conditions exigées pour qu'il y ait lieu à *restitutio in integrum*. Il faut :

I. Un acte qui en soit susceptible.

II. Une lésion.

III. L'absence de fraude chez le demandeur.

IV. Le défaut de tout autre recours.

V. Une juste cause.

VI. L'absence de renonciation.

29. I. Il faut que la demande de restitution soit dirigée contre un acte susceptible de ce mode de réparation.

D'après les textes, nous savons que les actes suivants y échappaient.

1º L'affranchissement. C'est ce que disent formellement des fragments très nets d'Ulpien : « Adversus manumissum, nulla in integrum restitutio potest locum habere (L. 7, pr.

de dolo). » Adversus libertatem quoque minori a prætore
subveniri impossibile est. » (L. 9, § 6, *de minor.*) Et
cette impossibilité fait encore l'objet de tout un titre au
Code, le titre, *si adversus libertatem* (II, 21). Il en était de
même et de l'affranchissement volontaire et de la déclaration de liberté prononcée par le juge. « Sententiam pro
libertate latam ne quidem prærogativa minoris ætatis sine
appellatione posse rescendi (L. 4, *si advers. lib.*, L. 9, *de
appellat.*). Si on croit que le juge a mal jugé, il ne reste
que la ressource de l'appel. Il devait en être ainsi. Sans
doute le droit romain prenait des précautions pour éviter
les affranchissements précipités et excessifs et exigeait que
la volonté fût clairement manifestée, mais quand les formes
demandées par la loi étaient accomplies, il ne pouvait être
que favorable à l'acte libérateur d'un état contre nature
(L. 4, § 1, *de Stat. hom.* et Institut. l., III, 3.) C'est
pourquoi, tandis qu'il permettait à l'esclave d'attaquer
jusqu'à trois fois le jugement qui prononçait contre sa
liberté, il considérait comme définitive la sentence favorable intervenue dans une *causa liberalis.* Le texte de Paul,
(L. 10, *de minor.*) qui constate qu'exceptionnellement le
prince pourra restituer, ne constitue pas une exception,
car c'est un principe de *droit romain*, que l'empereur est
au-dessus des lois.

A défaut de la *restitutio* contre les affranchissements
frauduleux, la victime du dol ne sera pas privée de tout
secours, elle pourra agir contre les personnes coupables
d'avoir provoqué ou laissé faire l'affranchissement. Si l'affranchissement avait été fait en fraude des créanciers, ils au-

raient une protection spéciale. La loi *Ælia Sentia* admettait la nullité de ces affranchissements. Cette nullité n'était prononcée que dans leur intérêt et ne profitait pas au débiteur (L. 7, de *liber. causa*). Pour qu'un affranchissement fût frappé par cette loi, il fallait qu'il déterminât ou augmentât l'insolvabilité du débiteur. Dans l'opinion qui a prévalu et qui a été consacrée par les Institutes (L. I. III. 3), contrairement à l'avis de Gaius, il fallait également que le débiteur ait eu connaissance du préjudice qu'il causait à ses créanciers, *consilium fraudis*.

Ce n'était du reste que l'affranchissement consommé qui échappait à la restitution ; on pouvait l'obtenir contre les simples obligations d'affranchir (1).

2º Les ventes faites par le fisc.

3º La prescription de trente ou quarante ans, « non sexus fragilitate, non absentia, non militia contra hanc legem defendenda. » (L. 5, c. *de præscr.* XXX *vel.*)

4º Le jugement rendu sur le serment des parties à moins qu'on eût retrouvé des pièces nouvelles (L. 33, *de jurejur.*).

A ces actes il faut ajouter le mariage. Sans doute les textes ne mentionnent pas cette exception, mais c'est qu'elle va d'elle-même. Aussi a-t-elle été reçue par tous les auteurs. Il serait en effet difficile d'admettre une restitution tenant par ses effets le milieu entre la nullité et le divorce.

30. II. — Une lésion.

Nul ne peut songer à se faire restituer s'il n'est lésé.

_____

(1) Arg¹ de la loi 33 *de min.*

Pour se plaindre, il faut tout d'abord en avoir un motif sérieux, et celui qui ne court aucun danger n'a pas le droit de simuler l'effroi et de demander un secours. Les textes nous fournissent une application de ce principe, (L. 12, § 2, et L. 14, pr., *quod metus*). Le mineur qui a administré les affaires d'un majeur ne peut obtenir la restitution ; les risques, en effet, ne sont pas pour lui (L. 23, de *minor.*).

Comme la *restitutio in integrum* est une mesure grave et exceptionnelle, il ne suffit pas d'un préjudice, il faut encore qu'il ait une certaine gravité (L. 4, *de in integr.*). Cette nécessité n'est pas contestée, quant à la restitution pour cause de minorité. Car si on l'avait accordée trop facilement, elle se serait retournée contre ceux qu'elle devait protéger et aurait ruiné leur crédit. On a voulu la restreindre à ce cas (1) ; nous croyons, au contraire, que le préteur la refuserait toujours si le préjudice ne lui semblait pas suffisant pour justifier une mesure aussi grave (2). Mais un préjudice d'affection pouvait être quelquefois pris en considération, ainsi qu'il résulte de la loi 35 *de min.*

31. La constitution de Dioclétien reproduite au Code (L. 5, *de in integr.*) nous apprend à qui incombe le fardeau de la preuve. C'est à la prétendue victime de la lésion d'établir le fait dont elle se plaint. C'est une application naturelle d'un des principes juridiques les plus connus, et la remarque est devenue nécessaire, plutôt par les controverses que certains auteurs ont essayé de soulever que par

(1) Accarias (II. p. 1304 n⁰ 2).
(2) Maintz pr. 158 nᵗᵉ 5.

la difficulté intrinsèque de ce point (1). C'est donc au demandeur de prouver que, par suite d'une fraude, il a perdu quelqu'un de ses biens ou de ses droits.

32. Toute lésion, du reste, pouvait être le fondement d'une demande en restitution. Peu importait qu'elle ait consisté en une perte ou dans l'omission d'un gain. Pour la *restitutio ob œtatem*, c'est un point qui ne fait pas de difficulté (2). Nous croyons qu'il en était de même des majeurs. Cette décision a été contestée (3). Quelques auteurs ont soutenu que pour réclamer, les majeurs devaient avoir éprouvé une perte. Pour eux, ce ne serait pas assez de n'avoir pu faire un gain. Deux textes ont été présentés à l'appui de ce système. C'est la loi 18, *ex quibus causis majores*. « Sciendum est, dit Paul, quod in his casibus restitutionis auxilium majoribus damus, in quibus rei duntaxat persequendæ gratia queruntur, non cum et lucri faciendi ex alteris pæna vel damno auxilium sibi impertiri desiderant. » La distinction entre la perte éprouvée et le gain omis est très nettement indiquée par ce texte, disent les partisans de cette opinion, et la restitution n'est accordée que dans la première de ces deux hypothèses. Ce principe de Paul paraît encore confirmé par les deux lois qui suivent ce passage et qui sont tirées de Papinien. Un citoyen est en train d'usucaper, il est pris par l'ennemi ; l'usucapion est interrompue et jamais le droit de *postliminium* ne lui rendra cet avantage définiti-

---

(1) Burchardi, cité par de Savigny, § 318, nᵒ 0.
(2) V. L. 7, § 6, 7, 8, *de min.*
(3) Notamment par Puchta.

vement perdu. Le motif de la décision n'est pas moins
notable que la décision elle-même. Pourquoi ne rend-on
pas au majeur la possibilité de faire ce gain que l'absence
lui ravit ? Par ce motif : « Neque enim intelligitur amissum quod ablatum alteri non est (1). Malgré ces textes,
cette opinion est erronée et ne doit pas l'emporter.

Elle se trouve en contradiction formelle avec d'autres
lois du Digeste. Dans deux fragments insérés au même
titre, nous voyons Ulpien et Julien accorder à un majeur
le bénéfice de la restitution, pour lui permettre de réclamer
un legs. C'est présenter l'hypothèse la plus décisive en
faveur de notre opinion.

A l'autorité de ces deux jurisconsultes vient encore
s'ajouter le suffrage de Paul, qui serait, d'après nos contradicteurs, le promoteur de l'opinion que nous combat-
tons. Paul fait bien plus que de donner des exemples, il
pose le principe en termes absolus, et accorde au majeur
la restitution pour le cas même où il n'aurait subi aucune
diminution dans son patrimoine (2). Un point singulier est
que cette loi est extraite du commentaire de Paul sur l'Edit,
comme la loi 18 que l'on nous oppose. Faut-il donc
admettre que Paul a pu se contredire, à quelques lignes
peut-être de distances, ou que les textes ont été maladroi-
tement interpolés par Tribonien ? Nullement, et les lois
citées par les deux opinions contraires, peuvent facilement
se concilier.

Ou le gain dont l'absence motiverait la restitution

(1) L. I. 9 et 20, *ex quib. caus. maj.*
(2) L. 27, *ex quib. caus.*

repose sur une perte qui serait éprouvée par autrui ; ou, au contraire, il pourrait se réaliser sans cette circonstance. Dans le premier cas, la restitution est refusée et les textes cités par l'opinion contraire à la notre se rapportent à cette hypothèse. C'est le motif qui faisait écrire à Papinien : « Non intelligitur amissum quod ablatum alteri non est. » Et la loi 18 parle également d'un lucre tiré « ex alterius pæna vel damno. » Dans la seconde hypothèse, cette dernière circonstance ne se rencontre pas, et la restitution est accordée.

Le mineur n'est pas du reste plus favorisé que le majeur ; il ne peut obtenir la restitution contre un gain qu'il n'a pas fait, lorsque ce gain ne peut être réalisé sans une perte pour autrui.

Le préteur couvre donc de son intérêt et de sa protection tous ceux qui ont éprouvé un préjudice, que ce préjudice se soit traduit par une diminution de patrimoine ou qu'il ne résulte que de la privation d'un gain légitime (1).

Il n'importe pas que la perte ou le manque d'un gain ait été le résultat d'un acte positif, ou négatif. On restituera aussi bien le mineur qui a laissé périr son droit que celui qui l'a aliéné à tort ; aussi bien celui qui a laissé s'éteindre une action temporaire que celui qui l'a abdiquée ; aussi bien celui qui a omis de faire adition d'hérédité que celui qui aurait renoncé à la succession (L. 3, § 8 ; L. 7 § 11 et 36 *de min.*)

33. III. — Absence de fraude chez le demandeur. Il est

_____

(1) En ce sens Cujas et de Savigny n° cccxviii.

juste, en effet, d'exiger que celui qui se réclame de l'équité ne l'ait pas violée le premier. Pour mériter un secours du préteur il faut que la victime ne se soit pas attiré à elle-même son malheur. Aussi tout dol ou manœuvre frauduleuse commis par celui qui réclame la restitution est-il un obstacle insurmontable à sa demande. « Ipsis enim delinquentibus prætor non subvenit. » (L. 26, § 6, *ex quib, caus. maj.*).

34. IV. — Défaut de tout autre recours. La *restitutio in integrum* est, en effet, une voie subsidiaire que le préteur n'a ouverte qu'aux délaissés du droit civil. Toutes les fois que la victime du dol sera à l'abri du préjudice sans y recourir, elle ne pourra l'obtenir. C'est pourquoi on ne pourrait la demander contre un acte nul *ipso jure*. C'est ce qu'énonce la loi 16 *de minor.*, (pr. et § 3.) « Ubi con-tractus non valet pro certo prætorem, se non debere inter-ponere, nam si communi auxilio et mero jure munitus sit, non debet tribui extraordinarium auxilium ».

L'action de dol, elle aussi, est subsidiaire et plus subsi-diaire que la restitution (L. 1, § 6, *de dolo*). Il y a de ce chef une difficulté sérieuse, sur laquelle nous avons eu à nous expliquer ci-dessus, (Ch. III, sect. 2).

Nous devons remarquer que, pour refuser la restitution, il faut que le droit de la victime à une autre action soit incontestable ; s'il s'élevait sur ce point quelques doutes, il faudrait accorder la restitution (1).

35. V. — Une *justa causa restitutionis*. La *causa res-titutionis*, c'est le motif qui permettra d'user de ce moyen

---

(1) Argument par analogie de ce que décide pour l'action de dol la loi 7 § 3 *de dolo*.

extraordinaire et contraire aux règles de droit civil. La *causa* c'est l'état anormal qui justifie cette dérogation. Aussi faut-il qu'il y ait un rapport direct entre la lésion éprouvée et l'état sur lequel on se fonde pour demander la restitution. Il faut que la personne qui allègue un dol ait bien souffert de ce dol, et non d'un cas fortuit qui aurait rendu mauvaise l'opération qu'elle avait d'abord pensée bonne (L. II, § 4 et 5 *de min*). Il en serait de même, à plus forte raison, si le préjudice avait sa première cause dans une de ses fautes (L. 21, pr. *quod metus.*)

36. VI. — L'absence de renonciation. Le droit de demander la restitution serait perdu si on y avait renoncé. La renonciation peut être expresse ou tacite. Nous ne parlerons ici que de la première, renvoyant ce qui concerne la seconde à la procédure.

Il peut y avoir renonciation à une restitution déjà demandée ou au droit de l'obtenir.

Dans le premier cas, cette renonciation porte spécialement le nom de désistement. Elle ne résulte pas d'une simple interruption des poursuites, il faut un véritable abandon de son droit : « Destitisse is videtur, non qui distulit, sed qui liti renuntiavit in totum. » (L. 21 *de min*).

Au contraire, la renonciation d'une restitution non encore demandée peut être tacite. On voit cette renonciation dans la volonté de profiter de l'acte qu'on aurait pu attaquer comme frauduleux (1). Mais ces faits ne constituent une déchéance qu'autant qu'ils échappent à la cause qui a

---

(1) Analogie avec L. 30 *de min.*

donné ouverture à la restitution. On ne pourra opposer à la victime d'un dol la ratification qu'elle aurait donnée à l'acte dolosif qu'autant qu'elle se sera produite après la cessation du dol. C'est ce qui résulte de la L. 3, § 2 *de min*; malgré l'opinion de de Savigny, nous n'y voyons rien de de contradictoire avec la loi 30 *eod. tit.*

CHAPITRE V

Procédure.

SECTION PREMIÈRE

COMMENT LA RESTITUTION EST-ELLE DEMANDÉE ?

§ I. — *Compétence.*

37. L'*in integrum restitutio* était l'œuvre du préteur, et l'application de son *imperium,* lui seul devait donc la donner. Nul autre magistrat ne possédait à Rome la plénitude du pouvoir judiciaire nécessaire pour prendre cette mesure; elle avait une extrême gravité, puisqu'elle mettait en échec les règles du Droit civil. La position du préteur offrait aussi une garantie contre les excès qui auraient pu se glisser dans l'admission de ce mode arbitraire de réparation. Son pouvoir, s'il était absolu, était de courte durée. Il l'avait pendant une année seulement, et, en général, comme noviciat pour des emplois plus importants encore. Il s'effor-

çait donc de justifier et d'accroître la confiance de ses concitoyens, sans laquelle il n'aurait pas pu poursuivre la carrière des honneurs. Dans les provinces, les gouverneurs remplissant les fonctions du préteur, avaient comme lui le droit de restituer.

38. Lorsque le régime impérial eut modifié l'organisation des magistratures romaines, le droit de restituer fut l'apanage des magistrats revêtus d'un pouvoir public émané directement de l'empereur, de ceux qui ont une *jurisdictio* propre ; et leur pouvoir était renfermé dans les limites de leur compétence. C'est ce qui résulte de ce texte d'Ulpien : « Tam præfectus urbis quam alii magistratus, pro jurisdictionne sua, restituere in integrum possunt. » (L. 16, § 5, *de minor*.). Ces magistrats étaient les préteurs, le préfet de la ville, celui du prétoire, et les lieutenants des provinces (L. 2 C. *si adv. fisc.*). Ce droit appartenait évidemment à l'empereur, qui n'était même soumis à aucune règle pour son exercice (L. 10 *de min*). Les magistrats municipaux, qui n'étaient ni les délégués, ni les représentants du peuple romain, ne pouvaient accorder la restitution (L. 26, § 1, *ad municip.*).

Si l'acte sujet à *restitutio* était un jugement, ces magistrats ne pouvaient point restituer dans tous les cas ; ils n'avaient point le droit de rescinder la sentence émanée d'un de leurs supérieurs. Il leur était loisible de restituer seulement contre les décisions de leurs inférieurs, de leurs égaux ou de leurs prédécesseurs.

39. Il devait donc naturellement leur être permis de restituer contre leurs propres décisions. Cette solution a

pourtant été contestée (1). Elle ne nous paraît pas présenter de difficultés sérieuses. Elle est conforme à la nature de la restitution ; car le demandeur, à la différence de l'appelant, ne critique pas la décision rendue par son juge, il se plaint du dol commis par son adversaire (L. 17, *de min.*). Aussi Hermogénien dans la loi à laquelle nous empruntons ce motif, et Ulpien dans la loi précédente, décident-ils formellement qu'on peut restituer « tam in aliis causis quam contra sententiam suam ». Contre ces décisions précises, on a cherché un argument dans deux textes du titre *de re judic.*, les LL. 42 et 55. Ces textes prévoient une hypothèse différente. Dans la loi 55 il s'agit d'un juge qui veut, après coup, corriger les erreurs renfermées dans sa sentence, et Ulpien lui déclare que « male seu bene, officio *functus est* ». La loi 42 refuse au préteur de rescinder un jugement précédemment rendu par lui, mais le sens du refus est expliqué par la suite du texte. Le jurisconsulte reconnaît au juge le droit de compléter sa sentence et d'y ajouter les dispositions qui pourraient y manquer, pourvu qu'il ne la change pas et que les additions y soient introduites le jour même où elle a été prononcée. Evidemment le jurisconsulte suppose que le magistrat s'aperçoit d'un mal jugé et qu'il veut l'annuler, sans autre motif que de réparer l'erreur par lui commise. Le pouvoir qu'il voudrait s'arroger doit certainement lui être refusé ; mais de ce que le magistrat ne peut modifier à sa fantaisie une sentence acquise aux parties, il ne s'en suit pas qu'il ne puisse restituer contre

(1) De Savigny t. VIII p. 222.

ses effets le défendeur fondé à en obtenir la rescision (1).

Par application de ce principe, l'empereur seul accorde la restitution contre ses propres sentences ; on décide de même pour celles de ses *procuratores* ou des juges par lui désignés, car elles sont réputées émaner de lui-même, (L. 18, §§ 1, 3, 4, *de min.* — L. 3, C., *si adv. rem. jud ;* L. I, c., *Ubi et apud quem cogn. in int. rest.*) Cependant celles du préfet du prétoire, bien que ce magistrat statue *vice principis* et sans appel, peuvent être rescindées par lui-même aussi bien que par l'empereur L 17. *de min.*), parce qu'il a une délégation perpétuelle, aussi bien pour restituer que pour juger.

40. Justinien voulant, dit-il, mettre fin à des controverses, par une constitution insérée au Code (L. 3, *ubi et apud quem*), changea le principe jusqu'alors en vigueur. Il décida que tous les juges nommés, soit par l'empereur, soit par les administrateurs de la république, seraient compétents en matière de rescision. Dans cette énumération se trouvaient compris les juges pédanés, auxquels ce pouvoir avait été jusqu'alors dénié, ainsi que les magistrats municipaux. Toutefois, il refusa de le concéder aux arbitres, aux juges nommés par compromis, et à ceux qui avaient été désignés par d'autres juges privés du droit de juridiction. Aussi, dans le dernier état du Droit romain, peut-on appeler de la *restitutio* comme de tout jugement. (L. 1, C. *si sœpius in integr.*).

(1) En ce sens Accarias n° 943.

§ II. — *Par qui est demandée la restitution ?*

41. Le droit d'invoquer la restitution n'appartient qu'à
celui dont le préteur a voulu sauvegarder les intérèts, à
celui dont l'état exige ce recours extraordinaire. Tel est le
caractère personnel de ce privilège que le bénéficiaire doit
le demander lui-même ou par un fondé de pouvoir spécial.
Le mandataire muni seulement d'une procuration générale
ne pourrait le réclamer (L. 25, § 1 *de min.*).

Mais à côté du titulaire, se présentent avec cette même
qualité, d'autres personnes qui tirent leur droit du sien,
par l'effet d'un rapport spécial. Tels sont tous les succes-
seurs à titre universel du titulaire primitif (L. 6, *de in
integr.*) ; non seulement ses héritiers, mais également ceux
qui recueilleront sa succession en vertu d'un fideicommis,
ou qui succèderont à son pécule. Tel est également le cas du
maître du titulaire de l'action, si celui-ci a perdu sa
liberté, car le maître est investi des biens qui appartenaient
à son esclave (L. 18, § 5 *de min.*).

Il faut encore ajouter aux personnes qui peuvent la
demander, en vertu de la transmission du droit du titulaire
primitif, le cessionnaire du droit à la restitution (L. 20
§ 1 *de tutel.*):

§ III. — *Contre qui est demandée la restitution ?*

42. En face du demandeur se placent d'abord ceux
qui ont concouru à l'acte dolosif. Ces défendeurs doivent
être attaqués les premiers. Mais ils peuvent être insolvables

et leur insolvabilité rendrait inutile le secours qu'accorde le préteur. C'est pourquoi on pourra s'adresser à ceux qui ont retiré un avantage de l'acte frauduleux. Ainsi la demande pourra être formée contre plusieurs personnes. Si j'ai fait par dol une acceptilation à un débiteur principal ou à un *correus promittendi*, je pourrai agir, non-seulement contre lui, mais contre ses co-débiteurs ou contre les débiteurs accessoires (L. 27 § 2 *de min.*). Il en serait de même à l'égard d'un créancier gagiste (*même loi*).

43. Mais la restitution pourra-t-elle être accordée *in rem*, c'est-à-dire contre le sous-acquéreur qui n'a ni traité avec le plaignant, ni recueilli immédiatement le bénéfice de l'acte frauduleux ?

L'action de dol ne se donne que contre celui qui est l'auteur du dol, pas contre celui qui en a profité, sans y participer : *In hac actione designari oportet, cujus dolo factum sit* (L. 15 § 3, *de dolo*). A plus forte raison n'atteindra-t-elle pas les sous-acquéreurs à titre onéreux ou même à titre gratuit.

C'est une question discutable de savoir si la *restitutio ob dolum* pourra s'exercer contre les sous-acquéreurs étrangers à la fraude, et dont on ne pouvait prévoir la mise en cause à l'époque du dol. Si les sous-acquéreurs avaient su qu'ils traitaient avec l'auteur d'un dol, dans ce cas, ils seraient tenus de souffrir la réparation du préjudice dont ils se sont rendus les complices. Mais supposons-les de bonne foi, et examinons la question telle qu'elle peut se présenter pour offrir des difficultés.

Nous proposons de distinguer entre le sous-acquéreur à

titre gratuit et celui à titre onéreux. C'est la décision des textes sur l'exception de dol, et nous sommes portés à transporter leur décision dans notre matière.

La restitution atteindra l'acquéreur à titre gratuit, donateur ou légataire, (L. 4 § 29 *de dol m. et met except.* On a dit que c'était parce qu'en voulant retenir un profit gratuit au préjudice de la victime de la fraude, il se rend coupable d'un *dolus præsens.* Est-il bien évident qu'il soit coupable d'un dol, d'un *dolus malus?* nous ne le pensons pas. Nous croyons plutôt que les romains ont été heureux de justifier d'une façon spécieuse une décision équitable, et qu'il n'y a là qu'une application de la préférence accordée à ceux qui luttent *pro damno vitando* sur ceux qui se défendent *pro lucro faciendo.*

S'agit-il d'un sous-acquéreur à titre onéreux, nous croyons qu'elle ne lui sera pas opposable (1). C'est en effet un principe de la matière que le dol n'a d'effet que contre ceux qui l'ont commis. Le préteur a bien offert la *restitutio in integrum,* en cas d'insolvabilité, pour permettre d'atteindre ceux qui en ont profité, parce qu'il n'est pas juste de s'enrichir du dol d'autrui. Mais là s'arrête et doit s'arrêter la dérogation au droit commun. Il vaut mieux laisser supporter la perte par celui sur qui elle est tombée, que de la rejeter sur le sous-acquéreur, qui n'a rien à se reprocher. Nous n'avons pas de textes consacrant expressément cette solution, mais elle est indiquée bien

(1) Il paraît en avoir été différemment en faveur des mineurs, si c'est l'unique moyen de les préserver d'une grande perte (*grande damnum, magnum præjudicium,* L. 9 et 49 *de min.*).

manifestement par tous ceux qui refusent d'admettre que
le dol nuira aux tiers, même dans le cas où l'on pourrait
dire qu'il y a eu représentation. Elle résulte aussi d'une
décision formelle d'Ulpien, au sujet de l'exception de dol
« de auctoris dolo exceptio emptori non objicitur. » (L. 4
§ 27 *de doli mal. except*). Les raisons de le décider ainsi
sont bien plus formelles encore pour la restitution, car
c'est une mesure plus grave de donner une action que de
la refuser.

Contre notre système on ne saurait tirer aucune objection
de ce qui se produit pour la restitution basée sur la
violence, car c'est le propre de la *metus*, contrairement au
dolus, de produire toujours des effets *in rem*.

On a cherché des arguments contraires à notre système,
dans deux textes : les lois 3 (pr. et § I,) de *eo per quem* et
18 de *interr.*). Ils ont en vue deux hypothèses particulières.
Dans la première il s'agit d'une instance ; le défendeur est
empêché de se présenter, par suite du dol d'un tiers, et de
cette absence résulte pour lui un dommage. Lorsqu'il
reconnaît son erreur et s'attaque à celui qui l'a causée, il
sa trouve en face d'un insolvable ; dans ce cas, la victime
de la fraude pourra obtenir la restitution contre la partie
adverse qui profite du dol sans y avoir trempé. Le second,
et la loi 11 (§ 4 et 5) du même titre, supposent qu'un
héritier est appelé à recueillir la moitié d'une successsion
et qu'un créancier héréditaire le cite en justice pour
savoir quelle est la quotité de ses droits dans l'hérédité.
Il se donne comme successeur unique et est actionné et
condamné en cette qualité. Mais il ne peut remplir ses

engagements. Le créancier trompé obtient la restitution et
recouvre ainsi la possibilité d'actionner l'autre héritier
solvable (1). Il faut reconnaître que, dans ces deux cas, la
restitution est donnée contre des tiers qui n'ont point
participé à la fraude; mais il est à remarquer que les
deux défendeurs ont retiré un avantage direct du dol
commis. La loi se borne à le leur enlever. Ce motif est
même donné par Julien, et c'est ainsi qu'il justifie l'octroi
de la restitution. Bien différente est la position de
l'acheteur qui ne fait aucun profit et à qui la rescision de
son contrat causerait un dommage injuste. Car ce n'est
pas du dol qu'il tient son gain, c'est du contrat licite qu'il
a passé avec le défendeur à l'action (2).

44. Il est un cas particulier où les romains avaient fini
par appliquer rigoureusement le principe de la personnalité
du dol. C'est celui où un dol avait été commis par un
tuteur. Ce fait n'exerce aucune influence sur la position
du pupille. Il lui est complètement étranger. Et, comme il
ne peut lui nuire, il ne peut non plus lui profiter. C'est
pour cela que, dans le cas où le patrimoine de l'impubère
s'est accru par la fraude du tuteur, la victime du dol est
armée d'une action contre le pupille, dans la mesure de
l'avantage par lui retiré des manœuvres de son tuteur (3).
On a contesté que cette décision fût celle de la pratique
romaine, et on a fait remarquer qu'elle se trouvait en
contradiction avec des textes formels du digeste. L'expli-

(1) L. II § 4 et 5 — L. 18 *de interrog. in jure.*
(2) En ce sens Accarias, de Savigny p. 280. *Secus* Keller, Lescœur.
(3) En ce sens Accarias, t. I, n° 150.

cation de cette apparente contradiction n'est pas impossible
à trouver. Cette question avait été discutée entre les jurisconsultes, et Pomponius proposait une autre distinction tirée
de la solvabilité de l'administrateur. L'impubère eût pu
être poursuivi toutes les fois que son recours contre son
tuteur était assuré d'une manière efficace ; l'action devait
être refusée dans le cas contraire. C'est cette controverse
qui explique cette apparente contradiction, et les lois 1 et
3 *quando ex fact.*, et 61 *de adm. tut.* reproduisent l'opinion
abandonnée.

L'opinion que nous avons proposée avait triomphé et
son triomphe est attesté par diverses lois, entre autres par
la loi 198 *de regul. jur.*, qui exprime sa décision comme
incontestée. « Neque in interdicto neque cœteris causis
pupillo nocere oportet dolum tutoris, *sive solvendo est, sive
non est* » (1). Si des textes contraires ont été insérés au
digeste, c'est parce qu'ils supposent que le dol du tuteur a
profité au pupille qui est encore en possession du bien
ainsi acquis. (L. 3 *quand. ex fact.* et 61 *de admin.*).

On a voulu aussi voir Ulpien en contradiction avec lui-
même. Les textes allégués s'expliquent, nous semble-t-il,
par des circonstances particulières. C'est la loi 21 § 1 *de
peculio.* Ulpien suppose que l'impubère possède des esclaves ;
les créanciers de l'un d'eux intentent contre le maître
l'action *de peculio.* Le tuteur, par un excès d'intérêt à
l'égard de son pupille, diminue frauduleusement l'actif du
pécule. Ulpien accorde au créancier une action contre

---

(1) Voir aussi L. 4 § 23 *de dol. mal. except.* L. 3 § I *de trib. act.*
L. 15 *de dolo*, L. 4 *quand. ex fact.*

l'impubère. A la vérité, il parle de ne la concéder qu'au cas où le tuteur serait solvable, mais il se reprend immédiatement et ajoute : « Maxime si quid ad eum (pupillum) pervenit. » Cette raison est la principale, et il s'y arrête. Elle est suffisante, car dans cette hypothèse l'avantage du pupille est le but direct qu'à atteint le tuteur. Aussi Sabinien donnait-il la même solution en l'appuyant seulement sur le bénéfice procuré à l'impubère. (L. 3, *quando ex facto tutoris*.).

La loi 1, § 6, *ne vis fiat* demande de plus longues explications. Voici probablement l'hypothèse qu'elle prévoit : Un créancier éventuel est envoyé par le préteur en possession d'un bien du pupille. Le tuteur arrive par ruse à lui faire perdre cette possession. Ulpien décide que la victime pourra s'adresser au pupille, si d'ailleurs la solvabilité de l'auteur de la fraude n'est pas douteuse. Cette loi ne contredit-elle pas tous les principes proclamés par celui-là même qui l'a écrite ? Sans doute, si l'on suppose que le dol a été conçu, préparé et exécuté par le tuteur seul, et à l'insu de l'impubère. Mais est-il probable qu'Ulpien soit tombé dans une contradiction aussi étrange ?

Avant d'en arriver à soupçonner un tel jurisconsulte d'une si grave erreur, ou de recourir au remède extrême d'une interpolation peu probable ici, il faut épuiser toutes les ressources que peut fournir l'interprétation. Or il est une hypothèse qui permet de concilier la solution donnée par cette loi avec les règles générales posées par le jurisconsulte. Dans le commencement de ce passage, Ulpien déclare que l'action prétorienne dont il parle n'est point

donnée contre l'impubère qui agit sans discernement. Elle
s'intente, au contraire, contre celui qui est capable de
comprendre la gravité de la fraude. Mais une dernière
circonstance se présente. L'impubère est assez âgé pour se
rendre compte de la moralité de ses actes ; seulement il ne
pense point à se rendre coupable de dol. Le tuteur conçoit la fraude, il la dirige, puis il fait exécuter les dernières manœuvres par le pupille. Quelle solution donner
dans cette hypothèse ? L'impubère, ayant pu comprendre,
sera passible de l'action pénale. Serait-il juste cependant
de le punir dans tous les cas, et sans tenir compte de la
culpabilité du tuteur ? Non, et l'équité demanderait qu'il ne
fût passible de l'action, qu'au cas où il peut faire retomber
le dommage sur le véritable auteur de la fraude. Le jurisconsulte romain s'est donc conformé à la justice en
n'accordant l'action contre le pupille que dans la mesure de
la solvabilité de l'administrateur. Cette supposition est
d'autant plus plausible que, pour y plier le texte d'Ulpien,
il n'est pas besoin de le torturer, ni d'y introduire aucun
changement. Il suffit de faire rapporter le commencement
de la troisième phrase : « Ergo et si tutor dolo fecerit »
non pas au fait de la dépossession, mais au rôle que le
tuteur fait jouer au pupille, de traduire : « agit ainsi par
dol » c'est-à-dire en préparant la fraude et en mêlant le
pupille à son accomplissement. Cette hypothèse suit naturellement les deux premières, où l'on voit l'enfant agir de
son propre mouvement. La construction grammaticale
n'est point absolument contraire à cette interprétation et la
logique la demande.

45. Une autre exception vient encore arrêter l'exercice de la restitution. Jamais un fils de famille ne peut l'obtenir contre son père, ni un affranchi contre son patron. Si le fils était tenu de respecter le chef de la famille, si l'affranchi devait se montrer reconnaissant du bienfait de la liberté qu'il avait reçue, ces obligations les liaient envers la mémoire du père ou du patron, comme à l'égard de ces personnes. Ce motif avait préservé leurs héritiers de toute attaque exercée par la voie de la restitution, à raison d'un dol imputé au *paterfamilias* ou au patron. Ces exceptions ont été reconnues et sanctionnées par Justinien dans une constitution qui forme la loi 2 du titre *qui et advers.*, au code.

Mais cette restriction avait été limitée au cas où l'existence du lien qui rattachait les parties l'une à l'autre n'était point en question. Aussi l'adrogé avait-il le droit de se faire restituer contre l'adrogation à laquelle il avait consenti (L. 3, § 6 *de minoribus*). De même, le fils émancipé pouvait soutenir que le jugement qui annulait son émancipation devait être rescindé, (L. 2, C., *si adversus rem judicatam*). Dans ces deux espèces, en effet, la position de chef de famille d'où le défendeur prétendait tirer une exception sans réplique, était précisément contestée ; elle constituait l'objet même du litige.

§ IV. — *Dans quel délai doit-elle être demandée ?*

46. La *restitutio in integrum* devait être demandée dans un délai fixé à peine de déchéance. Ce délai ne com-

mençait à courir qu'à partir du moment où cessait l'état
anormal auquel était dûe la restitution.

A l'égard des mineurs, des violentés et des absents (1),
la limite est certaine et il n'est besoin que d'ouvrir les
yeux pour voir où finissent la violence, l'absence et la
minorité. Il n'en est plus ainsi pour la fraude. Ici le
point de départ n'est plus nettement indiqué ; il peut se
placer après l'entier accomplissement des manœuvres qui
ont constitué le dol ; il peut aussi être reculé jusqu'à
l'instant où s'est dissipée l'erreur dont l'une des parties a
été victime. L'état particulier dont on veut réparer les
conséquences se prolonge aussi longtemps que l'aveugle-
ment causé par les machinations frauduleuses. La restitution ne commence à se prescrire que depuis la décou-
verte de la fraude (2).

47. Quant à la durée de ce délai, elle a changé aux
diverses époques de la législation romaine. Le préteur,
s'inspirant de l'idée qui avait présidé à la création de la
restitutio in integrum, l'avait fixée à une *année utile*. Le
calcul de ce délai n'était pas sans difficultés. Justinien
les fit disparaître, en substituant aux lois en vigueur jusqu'à son règne, un principe unique et d'une application
facile. L'année utile fut remplacée par un délai fixe de
quatre ans continus. Tous les jours étaient comptés ; et le
point de départ fixé, il n'était plus besoin de computations
longues et embrouillées.

---

(1) L. 1, § 1, *Ex quib. caus.* — L. 5, pr. — L. 7 pr., C., *de temp. in
integr. restit.*
(2) De Savigny. § 339.

Les difficultés étaient d'autant moindres qu'il ne suffisait pas que la restitution eût été demandée dans le délai fixé pour que le cours de la prescription fût interrompu. Il fallait que la sentence fût prononcée dans ce même laps de temps, et que le procès fût ainsi complètement terminé. C'est une singularité dont Doneau renonçait à donner l'explication (1). De Savigny en fournit une qui paraît satisfaisante. Il fait remarquer que cette règle est précisément celle d'après laquelle sont prononcées les péremptions de procédure; en sorte qu'il s'agit plutôt ici d'une péremption que d'une prescription (2).

Cette règle, du reste, n'est relative qu'à la sentence qui édicte la restitution. Aussi, lorsque le mode d'action employé était celui où se rencontrait la double instance du *rescindens* et du *rescissorium*, il n'était point nécessaire que les deux jugements fussent prononcés dans le délai de quatre ans. Il suffisait que le premier eût été rendu.

49. Est-ce qu'il n'y a pas une anomalie, dans ce délai de quatre ans accordé pour demander la *restitutio ob dolum* ? N'est-ce pas en effet par deux ans que se prescrit, depuis Constantin (3), l'action de dol ? N'est-il pas singulier de renfermer dans un délai de deux années continues, l'exercice de cette action, tandis que la restitution ne se prescrit que par un laps de temps beaucoup plus long ?

(1) Doneau ch. XLI, § 40.
(2) De Savigny. § 338, t. VII. — L. 39. pr. *de minor.* — L. 7, pr, C. *de temp. in integr. restit.*
(3) Voir L. 8, c. *de dolo.*

Cet avantage et cette anomalie ne sont qu'apparents. En effet, le délai dont on vient de parler n'a d'autre résultat que d'anéantir le caractère pénal de cette action. Le défendeur ne peut plus être condamné à payer au double la valeur du préjudice occasionné, il n'est plus noté d'infamie ; mais il n'est pas moins tenu de payer le montant du dommage qui résulte de sa conduite blâmable. L'action se transforme plutôt qu'elle ne périt ; elle se réduit aux proportions d'une action ordinaire, amenant la simple réparation des torts imputables au défendeur. Sous cette forme, elle se donne contre les héritiers de l'agent du dol ou de la violence et devient perpétuelle. (L. 28. L. 29 *de dolo*).

§ V. — *Formes de la demande. — Son effet.*

50. I. — La décision qui accorde la restitution doit être précédée d'un débat contradictoire, pour permettre au magistrat d'apprécier discrétionnairement s'il y a lieu de l'accorder. Il se pourrait que, quoique fondée sur une juste cause, elle fût moins conforme à l'équité que le maintien de l'état actuel ; elle pourrait être plus nuisible qu'utile ; aussi le magistrat est-t-il libre de la refuser.

C'est pour permettre aux parties de présenter leurs observations qu'il faut qu'elles soient présentes ou qu'elles aient été régulièrement appelées et qu'elles fassent volontairement défaut. Ulpien l'enseigne dans un texte formel et Modestin applique cette solution dans l'hypothèse suivante (L. 13, pr. — L. 29, § 2 *de min.*).

Un mineur s'est immiscé dans la succession de son père ;
il se fait restituer et profite du bénéfice d'abstention. Si
la décision est intervenue en arrière des créanciers héréditaires et sans qu'ils aient été appelés, elle est, à leur
égard, non avenue.

51. II. — La demande en restitution, par elle-même,
produira un effet important. Pendant tout le cours de
l'instance les choses restent dans l'état où elles se trouvaient au début ; si donc l'acte attaqué n'avait pas encore
été exécuté, l'exécution en est suspendue ; à ce point de
vue, la demande en restitution est absolument comparable
à l'appel interjeté, « Postulata in integrum restitutione,
omnia in suo statu esse debere donec res finiatur pers-
picui juris est. » (L. 1, C. *in integr. rest. post*).

SECTION DEUXIÈME

COMMENT LA RESTITUTION EST-ELLE ACCORDÉE ?

52. Le préteur peut, par son décret, accorder ou refuser
la *restitutio*. Il a un pouvoir arbitraire pour apprécier s'il
est préférable de prendre ce parti, même dans les cas où
l'édit ouvre cette voie extraordinaire ; c'est ce qu'indiquent
les termes (L. 1, § 1, *ex quib. caus. maj.*).

Il peut vouloir l'accorder. Il a pour atteindre ce but
deux voies différentes (1).

53. La première est la plus courte. L'instance se
passe toute entière devant le préteur, son décret termine

(1) M. Lescœur.

le litige et fixe sans incertitude possible la situation des deux parties. La restitution est octroyée, et le demandeur remis en pleine possession de l'objet de sa réclamation. Le mode de procéder est celui de la *cognitio extraordinaria*. Il ne se produit qu'une instance, et un seul décret est rendu.

54. L'autre voie est plus longue. Le demandeur est obligé d'avoir deux fois recours à la justice. Le magistrat, à la suite d'un premier débat, rend son décret et opère la restitution ; mais ce n'est pas d'une manière complète. Il n'attribue pas au demandeur la propriété immédiate de l'objet qu'il revendique, il fait seulement disparaître l'obstacle qui empêchait la revendication et il donne le droit de l'intenter. Le demandeur peut alors recourir à la procédure ordinaire, demander une action, faire nommer un juge. Ce juge prononce, et c'est seulement après sa sentence, si elle est favorable, que le demandeur devient propriétaire incommutable du bien qu'il voulait atteindre. Il n'arrive à ce résultat qu'après une double lutte et une double décision. L'un et l'autre des deux jugements qui terminent chacune des deux instances porte un nom différent. Le premier qui met fin à la *cognitio prætoriana*, est appelé par les commentateurs, *judicium rescindens*. Le second qui émane du juge ordinaire, du *judex* saisi par la rédaction de la formule, se nomme *judicium rescissorium*.

On a contesté qu'il en fût ainsi (1) et prétendu que le renvoi à un juge, quand il se produisait, n'était pas

(1) On cite Puchta et Mulhenbruck.

l'exercice du système ordinaire, mais une addition au système de la *cognitio extraordinaria*. Le préteur annulait l'acte frauduleux, par exemple rendait l'action qu'on avait laissé s'éteindre, et faisait toujours produire immédiatement son effet à la restitution prononcée, mais d'une façon conditionnelle. La décision était subordonnée à l'examen d'un point de fait : le dol a-t-il réellement eu lieu ; et la sentence sur cette question en quelque sorte préjudicielle, était renvoyée à un *judex*. Ce renvoi avait l'avantage d'épargner le temps, de permettre au magistrat d'examiner rapidement, la demande et de remettre à un juge le soin d'une enquête peut-être longue. C'était la marche qu'on suivait dans la *datio actionis* du système formulaire. Ce système est, a-t-on dit, d'autant plus vraisemblable qu'un jugement sur la *restitutio* devait, à peine de péremption, intervenir dans un délai assez court (1). Nous avons peine à admettre qu'il en fût ainsi. Les textes indiquent la *restitutio* comme l'œuvre du magistrat et non d'un juge. Dans le système proposé, c'est le juge qui prononcerait en réalité la restitution, comme il prononce la condamnation sous le système formulaire. Il n'y aurait aucune différence entre la *restitutio* et l'*actio*. Or les jurisconsultes romains indiquent bien la restitution comme étant absolument dans la *cognitio extraordinaria* (2).

Dans tous les cas cela n'empêcherait pas le préteur, quand il a une fois accordé la *restitutio in integrum*, de renvoyer devant un juge pour en tirer les conséquences.

(1) Accarias n° 947.
(2) En ce sens, de Savigny, t. VII p. 245.

Nous ne comprenons pas qu'on ait prétendu trouver dans les lois 18 pr. *de dolo*, et 9 § 7 *quod metus* la preuve que jamais il n'y a lieu à faire appliquer par le juge les conséquences de la décision du magistrat. Le premier texte ne parle même pas de la restitution, il est relatif à l'action de dol ; sans doute l'expression de *restitutio* s'y trouve, mais avec une signification toute différente. « Le pouvoir du juge, dit le texte, va jusqu'à ordonner la *restitution* en nature ; si elle n'est pas réalisée, il condamne. » « Arbitrio judicis in hac quoque actione restitutio comprehenditur et nisi fiat restitutio, sequitur condemnatio, quanti ea res est. » Il s'agit de la latitude donnée au juge dans l'action personnelle de dol, nullement de la *restitutio in integrum*.

Le fragment d'Ulpien paraîtrait s'appliquer plutôt à l'institution prétorienne. Il attribue au *judex* le pouvoir d'ordonner la reddition de l'objet enlevé par violence ; et à la vérité, il semble dire que la rescision est mise à exécution par la décision du juge, que sans cette décision, elle ne serait pas complète. Aussi ce système en tire argument. Ce texte signifie, d'après lui, qu'au cas où le juge se trouve appelé à prononcer sur la restitution, l'instance n'est terminée qu'après sa sentence. Il n'y aura donc qu'un litige. La conclusion est hâtive. Notre système admet aussi qu'au cas où l'on suit la procédure du *rescindens* et du *rescissorium*, la rescision n'est parfaite qu'après la décision du *judex*. Il soutient seulement que celui-ci est saisi par une formule rédigée en vertu du décret du préteur, mais dans une seconde instance ; Ulpien ne se préoccupe nullement de trancher cette question.

Des objections même plus fortes ne sauraient prévaloir contre les textes qui fondent notre opinion. Un texte d'Ulpien, la loi 13 § 1 *de min.*, l'établirait à lui seul. Il suppose qu'un mineur a vendu un de ses biens. L'acheteur a ensuite revendu le même objet à un sous-acquéreur. Plus tard le mineur veut recouvrer la propriété de ce qu'il a aliéné. Cela pourra se faire, dit le jurisconsulte, et il y aura deux moyens pour arriver à ce résultat : « Hoc vel cognitione prætoriana vel rescissa alienatione, dato in rem judicio. »

Cette procédure est également décrite dans deux fragments de Gaïus (1). Le jurisconsulte parle du citoyen qui a subi la *minima capitis deminutio,* et il s'exprime ainsi : « introducta est contra eum eamve actio utilis, rescissa capitis deminutione. » Le mot *actio*, qui désigne la procédure terminée par le *judicium rescissorium*, est remarquable. Il indique l'instance complète du système formulaire ; il s'applique, et à la partie des débats qui a lieu *in jus*, et à celle qui se passe devant le *judex, in judicio* (2).

56. Il est certain que le magistrat pouvait accorder à son choix l'un ou l'autre de ces modes et que les parties étaient libres de demander celui qui leur paraissait le plus avantageux. Lequel était le plus usité ? On a prétendu que cela dépendait de la cause invoquée comme fondement

(1) Gaïus, C. III, § 84; C. IV, § 38.
(2) Voir encore L. 46, § 3. de *Procuratoribus* ; Zimmern, actions § 101 ; de Savigny, § 337; Mayntz § 159; également en ce sens, MM. Accarias, n° 947 et Lescœur.

de la restitution. Ainsi pour les absents, on aurait recouru ordinairement au mode le plus compliqué, tandis que les mineurs auraient généralement été admis à prendre la voie plus rapide de la *cognitio extra ordinem*. Nous croyons qu'on se réglait plutôt sur la nature du droit à restituer, et qu'on n'employait guère la *cognitio extra ordinem*, quand il s'agissait d'une action ou d'une exception (L. 28 § 5 *ex quib. caus. maj.*). Nous serions également portés à croire qu'à l'origine on recourait surtout à deux instances distinctes, ainsi qu'il paraît résulter des termes de l'édit (1) et qu'on en arriva à simplifier la procédure, et à faire trancher d'un seul coup toutes les difficultés. C'est ce qui nous paraît résulter d'un texte de Callistrate (2), qui constate que, de son temps, les personnes désignées dans l'édit obtiennent justice *extra ordinem*.

57. C'est dans l'existence du *judicium rescissorium* que nous cherchons l'explication du paragraphe 6, *de actionibus*, aux Institutes. Ce texte a déterminé beaucoup d'interprètes à admettre l'existence d'une action paulienne *in rem*. Nous n'y voyons qu'une application très heureuse de l'*in integrum restitutio ob dolum* (3).

58. Dans le dernier état de la procédure romaine, la *restitutio ob dolum* ne se distingue plus de l'*actio doli*. Dans l'une et dans l'autre, en effet, le magistrat statue directement et condamne à *restituer (restituere)* la chose elle-même.

---

(1) Voir L. I § 1, *ex quib. caus. maj.*
(2) L. 2, *ex quib. caus. maj.*
(3) En ce sens, MM. Mayntz et Accarias.

CHAPITRE VI.

Effets de la restitutio prononcée.

59. Restituer, pour les jurisconsultes, c'était rétablir complètement, au moyen d'une fiction légale, une situation juridique changée par un événement qu'on réputait non avenu. Cette idée avait été appliquée jusque dans ses dernières conséquences. Lorsque la rescision était prononcée, celui qui l'avait obtenue rentrait dans tous les droits que les actes réputés non avenus lui avaient enlevés. Etait-ce une action qu'il avait perdue ? Il la retrouvait avec sa nature particulière et ses avantages spéciaux. Paul le dit dans une formule parfaitement exacte : « Restitutio ita facienda est ut unusquisque in integrum jus suum recipiat. » (L. 24 § 4 *de minoribus*). Le changement résultait-il d'une novation préjudiciable aux intérêts du créancier ? Le débiteur insolvable était déchargé, et celui dont la dette avait été éteinte se retrouvait dans les liens de sa première obligation. (L. 27 § 3 *de minoribus*). Elle renaissait avec tous les avantages qui en dépendaient au moment où elle avait été novée. Le créancier pouvait actionner les anciens fidéjusseurs, il retrouvait les mêmes gages et les mêmes garanties : (L. 27 § 2 ; L. 50 *de min.* L. 26 § 7, *ex quib. caus.*), mais aussi les mêmes dangers, les mêmes imperfections. L'état antérieur ressuscitait, pour ainsi dire, tel qu'il était primitivement. Lors de la novation, le créancier était-il menacé par une prescription qui

touchait à son terme ? La restitution ne lui donnait, pour intenter son action, que le temps qui restait alors à courir. (L. 26, § 7, *ex quib caus.* ; L. 50 *de min.*) (1).

60. Le préteur suppose que l'acte rescindé n'a jamais eu lieu et s'efforce d'en détruire tous les effets. Aussi il ne devra pas plus profiter que nuire au demandeur, « qui restituitur sicut in damno morari non debet, ita nec in lucro. » (L. I pr. C. *de reput.*). Il n'est pas le seul à retrouver la plénitude des droits qu'il pouvait exercer ; le même avantage appartient également à son adversaire. La restitution porte-t-elle sur une répudiation d'hérédité ou de legs ? Les fidéicommis dont la disposition était grevée reprennent toute leur force. (L. 41, *ex quib. caus. maj.*). Suis-je restitué contre une addition d'hérédité ? Je rends tous les produits des biens héréditaires et toutes les sommes que j'ai reçues des débiteurs du défunt. Restitué contre une vente, je rends le prix ; contre un achat, je restitue la chose. (L. 7 § 5 ; L. 25 § 4 ; L. 27 § 1 *de min.* L. I pr. et § 1 C. *de reputat.*) (2). Ainsi encore, si le restitué peut reprendre la propriété d'un bien considérablement amélioré par le possesseur qui voit briser son titre, il serait injuste de le faire profiter du travail et des dépenses faites par celui qui, de bonne foi, regardait cette propriété comme une partie de ses biens. Le demandeur en restitution devra donc tenir compte à son adversaire des améliorations obtenues. (L. 39, § 1 *de minoribus*).

61. De ce que le défendeur n'est restitué que par

(1) M. Lescœur.
(2) M. Accarias.

voie de conséquence, on conclut que tant que le décret de restitution n'est pas exécuté, le demandeur reste libre d'en arrêter les effets. (L. 41 *de min.*).

62. Il est des conséquences que le magistrat ne peut anéantir. Ainsi la qualité d'héritier est indélébile. Qu'un héritier ait répudié une succession acceptée par la personne qui lui est substituée, la restitution pourra bien lui procurer les avantages réels du titre d'héritier, mais elle ne saurait avoir pour résultat de l'en revêtir (1). Il sera *loco heredis* et armé d'actions utiles par lesquelles le préteur donnera mission au juge de lui attribuer les biens qu'il aurait recueillis, s'il avait été héritier d'après le droit civil : « Si Aulus Agerius de quo agitur ex jure quiritium heredem fuisse paret, etc. » (2).

Quant à la question de savoir contre qui la *restitutio in integrum* produira son effet, nous renvoyons à ce que nous avons dit ci-dessus (Chapitre V, S. I, § III : Contre qui est demandée la restitution).

(1) L. 7 § 10, de *min.*
(2) Voir Gaïus c. IV, § 34.

DROIT FRANÇAIS

DE L'INFLUENCE DES CLAUSES

DE COMMUNAUTÉ CONVENTIONNELLE

SUR LES DROITS DES CRÉANCIERS

ET LE RÈGLEMENT DU PASSIF ENTRE LES ÉPOUX.

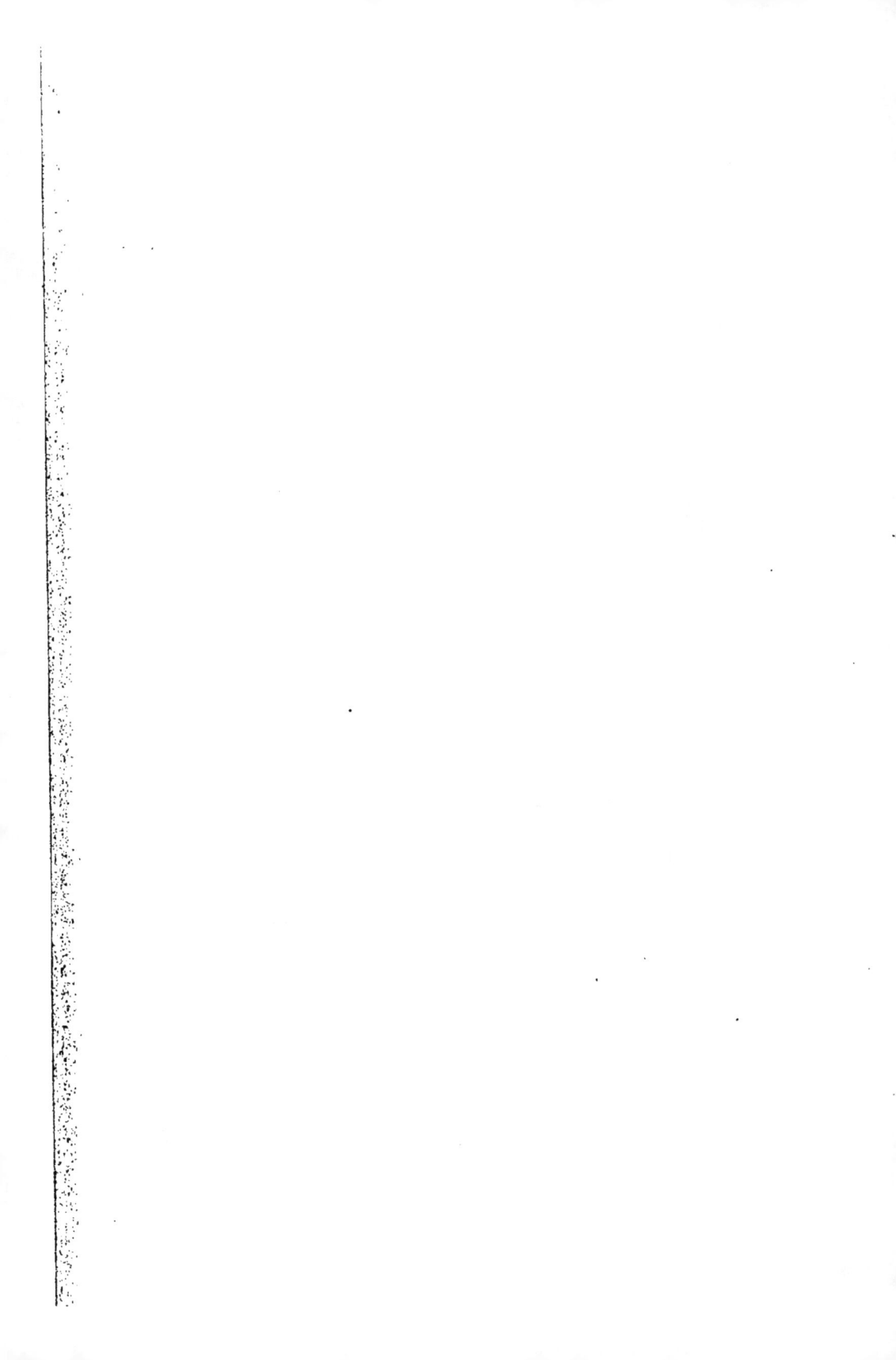

DROIT FRANÇAIS

DE L'INFLUENCE DES CLAUSES

DE COMMUNAUTÉ CONVENTIONNELLE

SUR LES DROITS DES CRÉANCIERS
ET LE RÈGLEMENT DU PASSIF ENTRE LES ÉPOUX.

AVANT-PROPOS

Le passif de la communauté légale a provoqué de nombreux travaux. La dotalité, la protection qu'elle procure à la femme et la position qu'elle crée à ses créanciers, ont été peut-être plus étudiées encore. Mais les clauses que le code a groupées sous le nom générique de **Communauté conventionnelle** ont inspiré peu d'études spéciales. Une fois seulement, à notre connaissance, on a recherché d'une façon accessoire, quelle influence elles auraient sur la situation des créanciers (1). Pourtant, c'est là un

_____

(1) Des droits des créanciers de la femme mariée sous le régime de la communauté légale ou *conventionnelle*. Thèse soutenue, devant la faculté de Paris, par M. Henri Mascaux, le 13 août 1866.

sujet aussi pratique qu'intéressant. La plupart de ces clauses sont d'un emploi fréquent et remplacent la communauté légale pour les unions dont le régime est réglé par un contrat.

C'est cette étude que nous voulons tenter. Nous ne nous en sommes pas dissimulé les difficultés, mais son originalité nous a séduit et ne nous les a laissées reparaître que quand nous l'avions déjà embrassée. L'audace ne saurait être invoquée comme un titre suffisant au succès, elle nous méritera, peut-être, un accueil plus indulgent.

Au début de notre travail, nous croyons bon d'indiquer le désir qui nous y a toujours accompagné, celui de ne pas nous laisser entraîner à sortir de notre sujet. Là est le danger commun à tous les travaux de droit, qui peuvent indéfiniment élargir leurs limites. Mais trop souvent, en désirant épuiser une mine inépuisable, on perd son propre filon, pour ne plus le retrouver. En poursuivant l'abondance, on lui sacrifie l'ordre et la clarté. Car une fois perdu le fil logique qui devait guider à travers le dédale des problèmes juridiques, on ne peut qu'errer à l'aventure. Nous nous efforcerons d'autant plus, d'éviter ce danger, que la nature de notre sujet nous y expose davantage.

Nous nous attacherons donc avec un soin exclusif, à rechercher sous chacun des *dix-sept* régimes que renferment les sections I à VIII, en prenant comme type la communauté légale, quelles modifications il apporte aux droits des créanciers chirographaires, soit des époux, soit de la communauté ; en quoi il restreint ou étend leur droit de gage, et quel effet il aura sur les recours des conjoints, l'un envers l'autre.

Pour cela nous rangerons ces différentes clauses en quatre groupes, suivant qu'elles restreignent, étendent, modifient seulement quant au partage, ou laissent identiques les règles adoptées par la communauté légale pour les droits de *poursuite* et de *contribution*.

Dans ce classement, nous aurons à trancher, par avance, de sérieuses controverses. On ne nous en saura pas mauvais gré, nous l'espérons. Une thèse est un travail doctrinal et affirmatif, et les opinions de l'auteur ne peuvent s'y manifester trop tôt.

PREMIÈRE PARTIE

Clauses restreignant, quant au passif, les effets de la Communauté légale.

GÉNÉRALITÉS.

1. « Qui épouse le corps, épouse les dettes, sinon qu'il soit autrement convenu », disait Loisel (1). Il reproduisait sous une forme pittoresque une importante décision de notre droit coutumier, mais il la généralisait outre mesure. En effet, ce n'était que les dettes mobilières des nouveaux époux, qui, en règle générale (2), grevaient leur communauté. Ainsi réduite à ses véritables termes, cette règle se justifiait facilement. La communauté recevait tout le mobilier des époux ; n'était-il pas juste et nécessaire qu'elle acceptât le fardeau de leurs dettes mobilières.

---

(1) Institutes coutumières, L. I, t. II, n° 8.

(2) Cout. Paris, art. 221, 222 ; Orléans, Bourbonnais, Bourgogne, etc. L'art. 180 de la coutume de Blois, porte : un homme qui prend une femme pour le mariage, la prend *cum honore et onere*.

Car, d'après les idées de nos vieux auteurs, le mobilier constituait particulièrement le gage des créances mobilières (1). Quand l'époux n'aurait pas de biens mobiliers à offrir à la communauté, ne pourrait-il pas encore en être ainsi? Si, dans les sociétés ordinaires, les dettes des associés antérieures à la société, n'entrent pas dans le passif social, ne peut-il pas en être autrement de la société conjugale où les époux réunissent non seulement leurs biens, mais encore leur vie, dans une communauté intime, complète et perpétuelle ? Si les dettes de l'un des époux se trouvent plus fortes que celles de l'autre, qui peut dire que dans la durée de leur union, son travail et ses gains ne compenseront pas, et au delà, la charge dont il grève la société naissante. (2).

Un autre motif aurait suffi à lui seul pour faire passer la règle de nos coutumes dans notre code civil, et pour justifier l'article 1409, 1er alinéa. La communauté légale ne pouvait admettre la séparation des dettes mobilières antérieures au mariage parce qu'elle est le contrat de ceux qui n'en font pas. A peine d'injustice, la règle aurait été presque toujours sans application, car les époux qui ne font pas de contrat n'auraient pas davantage fait constater leur mobilier dans les formes voulues, et les créanciers auraient méconnu des clauses qu'on ne leur aurait pas rendues opposables.

---

(1) Pothier, communauté n° 233 : « Ceci est conforme à un principe de notre ancien droit français, que les dettes mobilières d'une personne sont une charge de l'universalité de ses meubles ».

(2) Lebrun, communauté ; L. II, ch. III, n° 6.

2. Mais, si le code devait, comme notre ancien droit, mettre en communauté les dettes mobilières des deux époux, comme lui, il devait leur laisser la liberté de repousser cette règle ou de la modifier. Trop souvent, en effet, la mise en commun de leurs dettes constituerait, pour les époux, un véritable contrat aléatoire, ou même un piège aussi blâmable que difficile à éviter (1). Aussi le législateur ne s'est pas contenté de laisser aux époux la liberté de profiter de l'article 1393, et de modifier à leur gré, par les clauses de leur contrat, le régime légal. Dans l'article où il présente aux époux un certain nombre de clauses qui pourront leur être particulièrement utiles, il cite celle de séparation des dettes antérieures au mariage (Art. 1497, 4°). Bien plus, il règlemente les effets de cette clause, dans une section à part. (Titre V, chapitre II, 2e partie, section IV).

3. Cette clause peut se manifester au contrat, d'une façon directe et exclusive, tendant uniquement à maintenir séparées les dettes actuelles des futurs conjoints. Elle peut aussi résulter, plus ou moins directement, de diverses autres clauses. C'est ce que le code constate lui-même, dans la section qu'il consacre à la séparation de dettes (art. 1511). Dans ce dernier cas, cet effet sera produit avec plus ou moins d'énergie. Tantôt la séparation de dettes sera opposable aux créanciers, tantôt elle ne s'opérera que dans les rapports des époux l'un avec

(1) « On dit communément qu'en mariage, il trompe qui il peut » Loisel, L. I. t. II, n° 3.

l'autre. Voyons d'abord quels seront les effets de la déclaration expresse par les époux, qu'ils veulent rester séparés
de dettes. Nous verrons ensuite quelles sont les clauses
qui produiront implicitement cet effet.

CHAPITRE I.

Clauses produisant cet effet, même à l'égard des Créanciers.

SECTION PREMIÈRE

SÉPARATION DE DETTES EXPRESSE

1° Portée de cette clause.

4. Lorsque les époux déclarent qu'ils paieront séparément leurs dettes personnelles, leur mobilier n'en tombe
pas moins en communauté. Ils n'ont voulu déroger à la
communauté légale que sur un point, ils restent, conformément à l'article 1528, soumis à ses règles pour tout le
reste. Pour le vouloir ainsi, ils ont eu peut-être de très
bonnes raisons, puisque tel a pu être l'unique moyen de
rétablir l'égalité de leurs apports.

5. Sur le passif lui-même, cette clause n'a qu'une
influence restreinte, quoique considérable. Elle le laisse
composé comme il l'est dans la communauté légale, sous

cette modification, qu'il ne comprendra pas les dettes présentes des deux conjoints ou de celui qui a été seul déclaré séparé de dettes. Il nous faut insister sur ce point, parce que l'article 1510 ne s'en est pas expliqué.

Pothier était formel et son sentiment est universellement partagé. Il ne pouvait en être autrement, car en disant : « les dettes comprises dans la convention de séparation de dettes, sont les dettes qui sont antérieures au mariage »(1), il ne faisait que constater l'intention évidente des parties.

En effet, ce ne sont que les dettes actuelles et sans doute inconnues d'un des conjoints qui offrent un danger pour l'autre, en diminuant les apports sur lesquels il pouvait compter. Quant aux dettes futures, il est même difficile de concevoir ce que les époux entendraient faire en les excluant de leur communauté. Cette exclusion ne pourrait s'appliquer ni aux charges du mariage auxquelles les époux resteraient obligés, même séparés de biens ; ni aux réparations usufructuaires des propres, et aux autres dettes qui sont le correspondant des fruits dont la communauté a la jouissance ; ni aux dettes contractées par le mari, car il est le chef de la communauté, et, lorsqu'il s'engage, il confère sur elle un droit à ses créanciers ; ni à celles de la femme qu'il a autorisée, parce qu'alors les créanciers ont eu confiance en lui, et qu'ils exerceront les mêmes droits que s'ils avaient contracté avec lui.

Restent les dettes provenant de successions ou de dona-

(1) Communauté n° 353.

tions à titre universel, qui adviendraient aux époux durant le mariage. Elles grèveraient la communauté légale dans la proportion de ce qu'elle recevrait de l'actif. On ne peut supposer que les époux aient voulu abandonner à la communauté l'émolument de l'actif et conserver la charge des dettes.

Mais si une clause très expresse ne laissait aucun doute sur cette intention, nous n'irions pas jusqu'à lui refuser un effet. On a objecté (1) qu'elle serait contre l'article 2092 et qu'elle établirait, en dehors du bénéfice d'inventaire, une limitation au droit de gage des créanciers. Cet argument serait sans réplique, si cette clause permettait aux époux d'exonérer des dettes qu'ils ont acceptées en acceptant la succession, leurs biens propres et la part qui leur reviendra dans la communauté; mais elle n'en déclare affranchis que les biens communs. Les créanciers de ces successions n'ont pas un droit plus fort que celui des créanciers des époux, antérieurs au mariage. Or, la séparation de dettes est opposable à ces derniers sans contestation, elle doit donc l'être à tous. Il ne faudrait pas nous objecter que cette clause tombera sous la prohibition de contracter sur les successions futures, car dans notre matière, la loi s'est relâchée de sa rigueur ; elle permet d'exclure de la communauté l'actif de ses successions (art. 1498, 1500, 1514); pourquoi ne permettrait-elle pas d'en exclure le passif (2)? Cette clause, que nous croyons donc valable, aurait son utilité dans le cas où une femme prévoierait, en se mariant,

(1) Laurent, t. XXIII, n° 292.
(2) En ce sens Colmet de Santerre, t. VI, n° 173 b, II.

que son mari sera appelé à succéder à un insolvable, un ascendant par exemple, et craindrait qu'il ne veuille pas renoncer ou accepter bénéficiairement.

Ce n'est pas seulement le raisonnement et l'autorité de Pothier qui nous amènent à dire que la clause de séparation de dettes n'atteint que celles antérieures au mariage. A défaut de l'article 1510, cette restriction résulte de l'article 1497, qui, énumérant les diverses clauses de communauté conventionnelle et arrivant à celles de séparation de dettes, la formule ainsi : « les époux paieront séparément leurs dettes *antérieures au mariage* ».

6. Pour décider si la dette personnelle à l'un des époux est antérieure au mariage, ce n'est pas l'époque de l'exigibilité qu'il faut envisager, mais la cause de la dette. Nous devons insister un peu sur cette idée et l'éclaircir par quelques exemples, pour prévenir toute méprise.

1° Lorsque la dette naît d'une convention, il n'y a pas à distinguer si elle est pure et simple, à terme ou conditionnelle. C'était l'opinion de Pothier (1) : « Les dettes antérieures au mariage, qui sont exclues de la communauté par la convention de séparation de dettes, sont celles que chacun des conjoints à contractées avant le mariage. De là il suit qu'une dette que l'un des conjoints a contractée avant le mariage, quoique sous une condition qui n'a été accomplie que depuis le mariage, est comprise dans la séparation de dettes. A plus forte raison, celle qui a été

(1) N° 354.

contractée sans condition avant le mariage, doit-elle y être comprise, quoique le terme du paiement ne soit arrivé que depuis le mariage. » Cette opinion n'est pas contestée, et ne doit pas l'être. Le terme n'empêche pas l'obligation d'exister avec tous ses effets, sauf que l'exigibilité est différée. Pour la dette conditionnelle, on pourrait dire que son existence dépend de l'arrivée de la condition. Il suffit, pour dissiper les doutes, de remarquer que la condition, lorsqu'elle arrive, a un effet rétroactif; la dette existe donc au moment où le mariage a lieu, bien que la condition ne se réalise que pendant la durée de la communauté (1).

2º Il va de soi que les renouvellements purs et simples d'obligations antérieures au mariage, effectués au cours de la communauté, resteront à la charge personnelle de l'époux qui était débiteur en vertu de l'ancien titre. Mais si les conditions de l'engagement étaient modifiées, tout ce qui, dans la nouvelle dette, excéderait l'ancienne, serait à la charge de la communauté (2).

3º Si la dette a été reconnue par un jugement, peu importe que cette sentence soit prononcée pendant le mariage ; si la dette a son principe antérieur, elle restera propre.

4º Si l'un des conjoints, le mari, a commis un délit avant son mariage et qu'il ne soit condamné de ce chef qu'après son union, verrons-nous dans le montant de cette condamnation une dette antérieure ou postérieure au mariage ? Il faut distinguer entre les dommages-intérêts et l'amende.

(1) Universellement admis.
(2) Conf. Duranton, t. XV, nº 97.

Quant aux dommages et intérêts, il ne peut y avoir de doute, la cause en est dans le délit, le jugement n'a fait que de les liquider.

Pour l'amende, on concevrait plutôt un doute, « car ce n'est que par la sentence de condamnation, que le coupable est devenu débiteur de l'amende (1). » En effet, jusqu'à la condamnation il est présumé innocent et sa mort eût empêché de la prononcer. Il ne faudrait pourtant pas hésiter, cette objection n'avait pas échappé à Pothier et a Lebrun, mais ils y avaient répondu, et décidaient qu'elle était réputée dette antérieure au mariage, car la « dette en laquelle le conjoint a été condamné durant le mariage, pour un délit commis avant le mariage, avait dans ce délit un germe antérieur au mariage ; ce germe aurait avorté si le conjoint fût mort, avant qu'il fût intervenu aucune condamnation contre lui ; mais celle qui est intervenue a fait éclore ce germe, et c'est à raison de ce germe, antérieur au mariage, que la dette de cette amende peut être regardée comme ayant un commencement antérieur au mariage, et par conséquent comme une dette antérieure au mariage, comprise dans la convention de séparation de dettes (2) ». Le jugement constate la cause, mais cette cause préexistait. On ne saurait tirer aucun argument de la cessation des poursuites, en cas de décès. Il n'y a là qu'une remise de la dette que le coupable avait contractée envers la société ou, si on le préfère, une impossibi-

(1) Pothier loc. cit.
(2) Pothier, loc. citat.

lité de liquider la dette ; elle n'en existe pas moins (1).

5o Si, avant mon mariage, dans une intention de libéralité, j'ai fait faire à mes frais des réparations à un établissement charitable, ou construit des maisons pour des indigents, quoique les travaux n'aient été effectués qu'après mon mariage contracté, le montant de ces travaux n'en restera pas moins hors de la communauté, car la dette a une cause antérieure au mariage : la convention que j'ai passée, avant mon union. Mais si des suppléments de travaux avaient été faits depuis mon mariage, ces argumentations seraient à la charge de la communauté (2).

6o L'un des époux séparé de dettes a des enfants d'un autre lit ; que déciderons-nous relativement aux dépenses qu'il fera pour eux ? L'obligation de les élever a un principe antérieur au mariage, mais comme elle renaît chaque jour, et constitue une charge de ménage, toutes les dépenses de ce genre seront à la charge de la communauté (3).

7o Supposons que le mari était, avant le mariage, chargé d'une tutelle ou d'une autre fonction le soumettant à une responsabilité, et qu'il ait continué depuis à s'acquitter de sa charge ; admettons qu'elle vienne à cesser et qu'il se trouve débiteur en vertu de son compte de gestion, sera-ce là une dette antérieure au mariage ? On ne peut répondre *a priori*. Il faudra examiner le compte et probablement le décomposer. Car sans doute le reliquat ne consistera pas

(1) En ce sens tous les auteurs.
(2) Pothier n° 358, Troplong.
(3) M. Troplong, n° 2031.

en une dette unique, ayant une seule et même cause ; il sera
le résultat et le total de tous les articles à raison desquels
le tuteur aura été déclaré débiteur. Les articles antérieurs
au mariage formeront des dettes propres, tandis que les
articles concernant les faits de gestion postérieurs au
mariage, seront des dettes futures et par conséquent
communes (1).

8º Le mari, avant son mariage, était engagé dans un
procès sur lequel est intervenu, durant le mariage, un
jugement qui l'a condamné aux dépens. Dirons-nous que
les dépens faits depuis le mariage seront supportés par
moitié par les deux époux ? Non ; quoiqu'il puisse, à
première vue, paraître étrange de réputer antérieures au
mariage des dépenses faites durant son cours, il ne faut
pas hésiter à le faire, car elles sont nées d'une cause
antérieure « qui est la téméraire contestation que cet
homme a formée en entreprenant le procès » (2).

Il faut décider de même, quant aux frais qu'il doit à son
avoué, même faits depuis le mariage, car ils ont pour
cause le mandat qu'il lui a donné de poursuivre le procès,
lorsqu'il l'a entrepris.

Toutefois ces décisions ne peuvent s'appliquer qu'aux
dépens faits sur les contestations réellement antérieures au
mariage. Si, depuis, dans le cours du procès, il avait formé
des demandes incidentes, ou si on en avait formé contre
lui, les dépens faits sur ces demandes seraient à la charge
de la communauté.

(1) Pothier nº 359 et tous les auteurs.
(2) Pothier nº 357.

Si, depuis le mariage, le mari avait changé d'avoué, les frais faits par ce nouvel avoué seraient-ils encore une dette propre ? Oui, « car la dette des dépens faits par ce nouveau *procureur*, quoique procédant d'un mandat contracté durant le mariage, ayant pour cause originaire le procès entrepris auparavant le mariage, peut être considérée comme une dette dont la cause est antérieure au mariage, comprise dans la convention de séparation de dettes ; autrement, il serait au pouvoir du mari, en changeant de *procureur*, de faire supporter à sa communauté les frais d'un procès dans lequel il était engagé avant son mariage » (1).

Si la femme avait un procès avant le mariage, les frais faits jusqu'à cette époque seraient compris dans la clause de séparation de dettes; mais si le mari l'autorisait à reprendre l'instance, les dépens de cette reprise, ainsi que les frais de l'avoué qui a occupé pour elle, seraient une dette de communauté. Au contraire si, sur le refus de son mari, elle se faisait autoriser par justice à suivre le procès, les dépens auxquels elle pourrait être condamnée et les frais qu'elle ferait, seraient atteints par la clause de séparation de dettes (2).

9º Nous arrivons à une dernière question beaucoup plus délicate, celle de savoir comment il faudra traiter les dettes grevant une succession mobilière, qui, ouverte avant le mariage au profit de l'un des époux, n'a été acceptée que depuis cette époque. Les réputera-t-on, au point de vue

(1) Pothier nº 357.
(2) Pothier, nº 357 et tous les auteurs.

qui nous occupe, antérieures ou postérieures au mariage ?
Si on décide la question par les principes de la saisine et de
l'acceptation, il n'y a pas à hésiter. L'époux héritier est
saisi de plein droit, dès l'ouverture de la succession, acti-
vement et passivement, du patrimoine du défunt (art. 724).
La cause de l'obligation qu'il contracte en acceptant n'est
pas dans son acceptation, elle est dans la saisine ; voilà
pourquoi l'acceptation rétroagit au jour de l'ouverture de
l'hérédité, (art. 777).

On a objecté (1) que, sans aucun doute, si la question
devait être jugée en droit rigoureux, il faudrait admettre
l'opinion proposée ci-dessus, mais que ce n'est pas en droit,
que c'est en fait qu'elle doit être décidée. Nous avons, dit-on,
à interpréter une clause de communauté, et le point capital
de la discussion, le seul point important dont nous ayons à
nous occuper, c'est de trouver l'intention des parties, leur
pensée, leur volonté. Or s'il est vrai, en droit, que l'acceptation postérieure au mariage, d'une succession ouverte auparavant, ne fait que rendre irrévocables des effets préexistants,
et laisse antérieures au mariage, juridiquement parlant, les
dettes de cette succession, il ne l'est pas moins qu'en fait et
dans l'intention de l'époux qui a consenti à supporter seul ses
dettes personnelles, c'est seulement par l'acceptation, et à
compter de ce moment, qu'il est devenu responsable des
dettes héréditaires. Jusque là, il pouvait rester étranger à
la succession qui s'offrait à lui, à son actif et à son passif.
Puisque c'est en acceptant la succession, que l'époux pro-

(1) Zachariæ, Duranton, Marcadé, Aubry et Rau.

cure à la communauté son actif mobilier, il est naturel que sa pensée, si rien n'indique le contraire, ait été de mettre réciproquement à la charge de la communauté les dettes qui forment la partie correspondante de cet actif. « Bona non intelliguntur, nisi deducto ære alieno. »

On a même été plus loin et on a prétendu, « que si la succession était déjà acceptée, mais non encore partagée, lors du mariage, il y a tout lieu de penser que l'époux n'a entendu mettre dans la communauté, avec ses autres meubles, la portion qui lui écherrait par le partage, dans le mobilier de cette succession, que sous la déduction de sa part dans les dettes, comme étant, cette portion, virtuellement diminuée du montant de cette même part de dette » (1).

Nous n'admettrions ces interprétations que si les parties avaient manifesté cette intention dans leur contrat, ou si ses diverses clauses impliquaient que, dans leur pensée, la convention de séparation de dettes a été renfermée dans ces termes restrictifs. Mais, si elles ne se sont pas expliqué, on ne peut motiver suffisamment une telle supposition. Conséquemment les dettes de ces successions ayant leur principe dans une cause antérieure au mariage, sont comprises dans la clause de séparation (2).

7. Si les dettes antérieures au mariage doivent seules rester exclues de la communauté, elles le seront toutes, aussi bien celles dont un des conjoints était débiteur envers

(1) Duranton, t. XV, n° 92.
(2) Odier, Troplong, Mané et Vergé sur Zachariæ, Rodière et Pont, Laurent.

l'autre que celles qu'il avait envers des tiers (1), car la clause ne distingue pas.

C'est pourquoi, à la différence de ce qui se produit sous la communauté légale, ces dettes ne seront pas éteintes par confusion. La créance que l'époux avait contre l'autre entrera bien dans l'actif commun, mais la dette de son conjoint envers lui restant propre, il n'y aura aucune confusion durant le mariage. A la dissolution seulement, il pourra se produire une confusion partielle ou totale. Il faudra alors distinguer si la femme accepte la communauté, ou si elle y devient étrangère par sa renonciation. Au premier cas, la dette qu'aurait eue un des conjoints sera éteinte jusqu'à concurrence de la part qu'il devra prendre dans l'actif. Dans le second cas, si c'était la femme qui était débitrice, la dette restera entière à sa charge ; si c'était le mari qui était débiteur, devenu propriétaire de toute la communauté, il verra sa dette éteinte, à moins que la femme ne se soit réservé la faculté de reprendre son rapport (2).

8. L'exclusion frappe également les intérêts ou arrérages échus antérieurement au mariage (3). Si cette décision n'était pas évidente, elle se fonderait *a contrario* sur l'article 1512.

Les intérêts qui ont couru depuis le mariage sont, aux termes de cet article, à la charge de la communauté. Cette disposition n'était pas nécessaire, car l'article

(1) Pothier n° 353.
(2) Pothier, loc. cit.
(3) Pothier. Comm., 360.

1409 les y mettait déjà. Il ne devait pas en être autrement puisqu'ils sont une charge naturelle des fruits dont la communauté jouira. Cette raison pourtant ne nous paraîtrait pas suffisante pour proscrire la stipulation contraire. Lebrun (1) l'avait fait en se basant sur cette idée ; il nous semble, comme à Pothier (2), en avoir exagéré l'importance. C'est une de ces règles auxquelles les époux peuvent déroger, et la convention contraire, très rare sans doute, ne peut être déclarée illicite.

2o Effets à l'égard des créanciers.

9. La clause de stipulation de dettes sera opposable aux créanciers ; car les conventions matrimoniales peuvent produire leurs effets envers les tiers, et c'est surtout contre eux qu'elle a été insérée au contrat. Elle serait souvent vaine, si la communauté était forcée de payer, sous la réserve d'un recours inutile, contre un conjoint insolvable.

10. Les créanciers ne pourront donc, en principe, exercer leurs droits que sur les biens apportés dans la communauté par leur débiteur. Sur ces biens, ils continueront à avoir les mêmes droits que s'il n'y avait pas eu mise en communauté. C'est une décision que notre code, comme nos anciens auteurs (3), n'a point formellement

(1) Communauté, L. II, ch. 3, S. 4, no 10.

(2) Comm. 360.

(3) Voir coutume de Paris art. 222, Pothier 363, Ferrière sur l'art. 222.

énoncée, mais qu'il sous-entend lorsqu'il traite des cas où le droit des créanciers est plus étendu. Le droit qu'il leur donne de saisir la communauté quand il n'a pas été fait d'inventaire, afin que cette négligence ne leur nuise pas, suppose évidemment celui de saisir, dans tous les cas, les biens provenant de leur débiteur ; ce droit est incontestable.

On concevrait cependant, a-t-on dit (1), une objection théorique. La mise en communauté de la propriété du mobilier et de la jouissance des immeubles est, dirait-on, une aliénation, au moins pour moitié. Or les créanciers doivent respecter les aliénations consenties par leur débiteur, quand ils ne prouvent pas qu'elles sont frauduleuses. Le créancier serait donc réduit à agir sur la nue propriété des immeubles de son débiteur. Il y a là une dérogation aux principes du droit strict ; mais elle se justifie. Logiquement les créanciers des époux, en échange de leur gage antérieur, ont acquis un droit sur cette propriété indivise de leur débiteur dans l'actif social. Ce droit, ils ne pourront l'exercer qu'à la dissolution de la communauté ; cette dissolution ils ne peuvent la provoquer. Jusque là, ils se borneront à agir sur la nue propriété des propres. Si le code s'en était tenu à l'application des principes, ils se seraient donc trouvés lésés ; ils auraient perdu leur gage sans en obtenir un équivalent. Aussi le légistateur a adopté une solution plus équitable. Pour les dédommager de l'impossibilité où ils sont d'agir sur la part de leur débi-

(1) M. Colmet de Santerre, 176 b, II.

teur dans la communauté, il leur a conservé tous leurs droits sur les biens qu'il y avait apportés.

Nous ne comprenons pas l'objection qui pourrait, dit-on, se présenter à l'esprit de l'interprète, car si la mise en communauté est une aliénation c'est une aliénation d'une nature particulière, une aliénation à titre universel. Or, les aliénations à titre universel ne sont pas opposables aux créanciers. Ils conservent le droit de suivre, entre les mains des tiers, les objets qui formaient leur gage. Celui qui aliène à titre universel n'aliène pas une partie ou la totalité de son patrimoine, il le transmet en tout ou en partie. « L'idée de l'aliénation du patrimoine présenterait un véritable contre-sens, puisque n'ayant pas d'existence propre et indépendante, il ne saurait se comprendre détaché de la personne à laquelle il appartient » (1). La prétendue aliénation est une chose étrangère aux créanciers ; ils ont pour gage le patrimoine, ils le suivent en quelques mains qu'il passe. C'est l'idée que le code applique dans les articles 1409, 1411 et 1414. C'est ce qui explique comment les sociétés de tous biens présents sont tenues de toutes les dettes actuelles des associés. C'est pour ce motif qu'on admet généralement que, conformément à la tradition de notre ancien droit (2), toutes les dettes mobilières des associés grèvent la société de tous gains.

11. Quels seront les droits des créanciers sur les biens de la communauté qui ne proviendront pas de leur débiteur ? L'article 1510 distingue, suivant qu'on a pris les pré-

---

(1) Aubry et Rau t. VI n° 577.
(2) V. Pothier, société n° 52.

cautions nécessaires pour leur permettre de reconnaître ces biens ou qu'on a négligé de le faire.

12. Dans le premier cas, ces biens échappent à leurs poursuites. On sera quitte en représentant, disait l'art. 222 de la coutume de Paris, *l'inventaire ou l'estimation d'icelui;* c'est-à-dire, suivant Pothier (1), qu'il suffira de représenter aux créanciers les effets qui se trouveront encore en nature et de leur remettre le prix des autres ou de leur justifier qu'on l'a employé à payer des dettes de l'époux qui en était propriétaire.

Cette distinction des patrimoines pourra se faire de deux façons, toutes deux autorisées par les termes de l'article 1510. On pourra directement constater l'apport d'un des conjoints, pour réduire à cette valeur le droit de ses créanciers, ou par un second procédé, déterminer ce que l'époux non débiteur a mis en communauté, pour le soustraire aux prétentions des créanciers de l'autre. Ce dernier mode est celui que vise l'article, quand il indique de quelle façon on empêchera les créanciers d'atteindre les biens échus aux époux, pendant la communauté. Le reste pourra être saisi, car s'il ne provient pas de l'époux débiteur, il est au moins confondu avec ce qui provient de lui, et il doit être tout entier le gage de ses créanciers, puisqu'il est impossible de le décomposer, pour reconnaître l'origine de chaque bien.

13. Cette constatation résultera, d'après l'article 1510, d'un inventaire ou d'un état authentique.

---

(1) Communauté, n° 364.

Pour le mobilier apporté par les époux, ces actes doivent être antérieurs au mariage (1). Après ils n'offriraient plus les mêmes garanties. Du reste, l'organisation de la communauté n'est pas susceptible de modifications après le mariage, et en faisant l'inventaire, on en changerait, d'une certaine façon, les règles, en modifiant le droit de ses créanciers.

Cette constatation doit, pour offrir les garanties nécessaires, être faite en présence du futur conjoint ou de ses représentants (2). Il est admis, sans difficulté, que l'état dont parle l'article 1510, pourra être le contrat de mariage lui-même, s'il contient une énumération du mobilier. Mais nous pensons, malgré l'opinion de Pothier (3), que l'article 1510 étant formel, un compte de tutelle rendu à la femme après son mariage, ne formerait pas un titre suffisant. Il y aurait toujours à craindre une collusion pour frauder les créanciers. (4).

14. Il faut combiner cette règle qu'au cas d'inventaire les créanciers ne peuvent saisir que les biens apportés par leur débiteur, avec les pouvoirs attribués au mari, sur la communauté. Aussi, admettons-nous (5) que les créanciers du mari sont autorisés à poursuivre le paiement de leurs créances sur tout l'actif social, sans distinction d'origine. Il est, en

(1) Coutume de Paris, art. 222 ; Renusson, Communauté I, XI, 6.
(2) Renusson, loc. cit.
(3) Communauté, 363.
(4) En ce sens Laurent. t. XXIII, n° 309. *Secus* Aubry et Rau.
(5) En ce sens, Aubry et Rau, t. V, n° 526, note 11; Duranton, Delvincourt, Bellot des Minières, Odier; Toul 31 décembre 1863 (Vautrin c. Prévost).

effet, de principe que les créanciers du mari ont action contre la communauté tant qu'elle dure, parce que les biens de la communauté sont censés faire partie du patrimoine de leur débiteur, et que les dettes qu'il a contractées sont réputées dettes communes. (Voir une application de cette idée dans l'article 1412). Le mari n'a-t-il pas le droit de disposer à son gré, à sa fantaisie, des biens communs ? Son pouvoir n'irait-il pas jusqu'à les dissiper ? Pourquoi ne pourrait-il pas les employer à payer ses créanciers, et, s'il a ce droit, pourquoi ses créanciers ne pourraient-ils pas l'exercer ? L'ancien droit était formel sur ce point, et c'est sa doctrine incontestée (1), que le code a voulu maintenir.

L'opinion contraire, qui compte des partisans nombreux et d'une grande autorité (2), nous oppose des arguments très sérieux. Elle objecte que la tradition n'était pas unanime ; que Pothier est muet sur la question et que Bacquet la résolvait différemment. Ce dernier auteur soutient que la femme pourra empêcher les créanciers du mari de toucher à ses biens inventoriés « car, encore que lesdits meubles, nonobstant la convention susdite, soient entrés en communauté, de laquelle le mary est maistre et seigneur, toutefois c'est à la charge expresse qu'il ne seront point tenus, saisis, ny vendus pour les dettes contractées par son mari auparavant le mariage. » (3). Nous

(1) Renusson, Communauté part. I, chap. XI, n° 8 ; Lebrun id., L. 2, chap. III, sect. IV n° 2 : Duplessis id. L. I, chap. 5, s. 11. Ferrière sur l'art. 222 de la cout. de Paris ; le *droit commun* de Bourjon.

(2) Notamment M. Colmet de Santerre, Laurent, Rodière et Pont, Marcadé et Troplong.

(3) Bacquet, droits de justice, XXI, 101.

répondrons que l'opinion de Bacquet était entièrement isolée et rejetée presque sans discussion par tous les auteurs (1). Quant à Pothier, il n'est pas étranger à la question, en supposant toujours l'inventaire exclusivement opposable aux créanciers de la femme; il partage la manière de voir de tous les auteurs et indique par là qu'il ne le croit pas opposable aux créanciers du mari (2).

On oppose les termes de l'article 1510, 2e et 3e alinéas, qui présentent les droits de poursuivre la communauté comme une exception, aussi bien pour les créanciers du mari que pour ceux de la femme, et on en tire argument contre notre doctrine. Mais, outre qu'un argument *a contrario* serait bien faible pour repousser l'application d'un principe de droit, l'induction qu'on veut baser sur cet article n'est pas exacte. De ce qu'en l'absence d'inventaire, les créanciers de chacun des époux peuvent poursuivre leurs droits sur tout l'actif social, y compris les biens apportés par l'autre conjoint, nous ne sommes pas forcés d'admettre que l'inventaire, quand il aura été fait, privera les créanciers du mari du droit d'agir sur l'apport de la femme. En l'absence de disposition y dérogeant clairement, nous restons sous l'empire des principes.

On se fonde alors sur l'intention des parties; et cet argument a une grande force, en matière de conventions matrimoniales. La femme, dit-on, a bien consenti à ce que son mari puisse disposer de ses meubles, pour se procurer de quoi payer ses créanciers. C'est alors un acte de

(1) Voir Renusson, I, XI, 8.
(2) Communauté. 362 et 363.

sa volonté libre, et la femme a eu assez de confiance en lui pour ne pas craindre qu'il abusât de ce pouvoir, mais elle n'a pas adhéré aux aliénations forcées que les poursuites des créanciers vont lui imposer. Alors le mari ne représente plus sa femme, et c'est en vain que ses créanciers voudraient user de l'application de l'article 1166. Nous répondrons à cette distinction que c'est un principe de droit commun et comme d'ordre public, que les créanciers peuvent saisir tous les biens avec lesquels on peut les payer, parce qu'ils forment leur gage (art. 2092).

Et pour nous résumer, nous dirons que le Code nous montre, notamment dans l'article 1412, les créanciers personnels du mari agissant comme s'ils étaient communs et poursuivant toute la communauté. Il nous paraît difficile de leur refuser ce droit si on accorde au mari celui de les désintéresser à l'amiable. Oter ce dernier droit au mari, c'est méconnaître l'idée de communanté, rendre son administration impossible. Sans doute, il faut tenir compte de l'intention des parties, mais il ne faut pas qu'elles prétendent concilier des idées incompatibles. Si la femme voulait se prémunir contre les actes de son mari, il lui fallait ne pas adopter le régime de communauté, ou réaliser une partie de ses biens.

15. Si le mobilier apporté par les époux n'a pas été constaté par un inventaire, l'article 1510 permet aux créanciers d'agir sur le mobilier non inventorié comme sur les autres biens de la communauté (1). C'est-à-dire

_____

(1) C'est la reproduction de la doctrine de l'ancien droit. (Loisel 1, 2, 8.)

qu'ils pourront se venger sur tout l'actif commun sans distinction d'origine et que la clause ne leur sera pas opposable (1). Car leur gage se trouve confondu dans l'actif commun ; il ne peut plus être reconnu, et les époux qui ont été négligents ne peuvent pas, par leur faute, nuire aux droits de leurs créanciers. Ils subiront la peine de leur négligence et le mari ne pourrait arrêter la poursuite des créanciers, en leur abandonnant ce qu'il déclarerait être l'apport de la femme, ni même fournir la preuve que cet apport était insuffisant pour couvrir ses dettes et qu'il a déjà été entièrement absorbé.

16. Leur droit s'étendra encore plus loin, il frappera même les biens personnels du mari. Cette conséquence a été repoussée par une décision de jurisprudence (2). Cet arrêt se base sur ce que l'article 1510 édictant une peine, sa disposition ne peut être étendue sans injustice, et sur ce que le droit accordé aux créanciers est déjà très suffisant. Nous lui répondrons que ce n'est pas là une véritable peine, mais la constatation d'une nécessité ; que c'est moins la loi qui a autorisé le créancier à étendre sa poursuite sur tous les biens de la communauté, que l'époux négligent qui n'a pas su prévenir la confusion des deux patrimoines. Cette confusion existant encore entre le patrimoine de la

(1) Cette disposition ne s'appliquerait pas aux créanciers de la femme n'ayant pas date certaine antérieure au mariage. Ceux-là ne peuvent être plus favorisés qu'ils ne l'auraient été sous la communauté légale ; ils devront s'arrêter à la nue propriété des biens de leur débitrice. (Dufrenois cite en ce sens un jugement de Melun, du 6 juillet 1876).

(2) Douai 15 juin 1861 (D. 62, 2, 159).

communauté et celui du mari, on ne peut forcer le créancier à respecter ce dernier. Nous appliquerons donc les principes de la matière qui, durant le mariage, mettent sur le même pied les créanciers de la communauté et ceux du mari (1).

17. Après la dissolution de la communauté, la situation des créanciers sera-t-elle encore la même ? Sans difficulté, ils conserveront leurs droits sur le mobilier apporté par leur débiteur. Sans doute encore, il ne pourra plus être question des privilèges particuliers, qui, suivant nous, rendent l'inventaire vain contre les créanciers du mari et qui étendent jusqu'au mobilier propre de celui-ci le droit de poursuite des créanciers de la femme, quand la constatation du mobilier n'a pas été régulièrement faite. Mais s'il n'y avait pas eu un inventaire en temps opportun, les créanciers conserveraient-ils le droit de méconnaître la séparation de dettes ? On l'a nié, en s'appuyant sur le sentiment de Pothier. Il n'a pas motivé sa manière de voir. Nous ne savons pas comment on la justifierait, comment on détruirait l'obligation née de la confusion irréparable des deux patrimoines. L'article 1416 pourrait peut-être également fournir un argument contre le système de Pothier. Aussi adoptons-nous l'opinion opposée (2).

---

(1) En ce sens Rodière et Pont n° 1467, Laurent t. XXIII, n°' 305 et 306. Dufrenois cite un jugement du Tribunal de la Seine du 18 février 1873.

(2) On cite, en ce sens, Delvincourt et Bellot des Minières.

3º Effets entre les époux.

18. « La clause par laquelle les époux stipulent qu'ils paieront séparément leurs dettes personnelles, les oblige à se faire, lors de la dissolution de la communauté, respectivement raison des dettes qu'on justifie avoir été acquittées par la communauté, à la décharge de celui des époux qui en était débiteur. » (Art. 1510). C'est une application de l'article 1437, ou plutôt c'est, comme l'article 1437, l'application du principe que nul ne doit s'enrichir aux dépens d'autrui. Si la communauté paie la dette personnelle qu'avait l'un des époux, il s'enrichit et la communauté s'appauvrit ; on a pris sur le fonds commun une somme dont il « a tiré un *profit personnel, il en doit la récompense* », (1437). Peu importe que la communauté ait payé contrainte ou de bonne grâce ; peu importe même que la communauté ait payé dans le cas où un inventaire régulier la mettait à l'abri des poursuites des créanciers ; elle s'est appauvrie, et l'époux a profité de son appauvrissement, il doit l'en indemniser.

19. L'article 1510 ajoute : « Cette obligation est la même, qu'il y ait eu inventaire ou non » (1). La loi n'exige donc pas, pour que la clause produise son effet entre les époux, cet inventaire dont nous avons vu la nécessité à l'égard des créanciers. Cette distinction s'explique bien. Les époux doivent supporter leurs dettes antérieures au mariage,

(1) C'était la doctrine de l'ancien droit, voir Renusson, L. XI, 34.

quelle que soit la valeur de leur mobilier. A quoi servirait-il donc d'exiger un inventaire.

20. On s'est demandé si la confection d'un inventaire, jointe à la clause de séparation de dettes, n'arriverait pas à produire indirectement une clause d'apport, et partant à empêcher' la communauté de réclamer la récompense des dettes qu'elle aurait payées. L'époux étant alors réputé n'avoir apporté que ses biens, déduction faite de ses dettes, l'existence des dettes aurait sans doute diminué son apport, mais c'est lui qui en réalité aurait sur ses biens désintéressé ses créanciers ; la communauté ne se serait pas appauvrie pour lui ; il ne devrait rien. Nous n'admettrions pas ce raisonnement. La clause ne nous paraît pas assez explicite pour déroger à l'apparence que les époux ont donnée à leur contrat, en déclarant uniquement qu'ils adoptaient la séparation de dettes. C'est l'opinion qu'avait adoptée Lebrun à l'occasion d'une espèce sur laquelle il avait eu à donner son avis (1).

21. L'article 1410 n'oblige le mari à payer les dettes de la femme antérieures au mariage, qu'autant qu'elles ont une date certaine à l'époque où commence la communauté ; il ajoute que le mari qui prétendrait avoir payé une dette de ce genre, n'ayant pas date certaine, n'en peut demander, la récompense à la femme ni à ses héritiers. Sous la clause dont nous nous occupons, pourrait-on lui opposer la disposition de l'article 1410 ? Non, car cet article règle une situation tout autre que la nôtre. Il règle le cas où les

(1) En ce sens Troplong.

dettes antérieures de la femme tombent en communauté, en vertu de l'article 1409. Notre clause au contraire a exclu ces dettes de la communauté. La situation est donc très différente. Si, au cas de communauté légale, le mari n'a pas le droit de réclamer une récompense pour les dettes n'ayant pas date certaine et qu'il a pourtant acquittées, c'est qu'il a alors tacitement reconnu qu'elles étaient antérieures au mariage, qu'elles avaient été contractées lorsque la femme avait encore toute sa capacité, et qu'elles étaient dues par la communauté. Séparé de dettes, il n'est pas tenu des dettes antérieures au mariage, quand même elles auraient date certaine ; il a donc payé sans devoir, il s'est appauvri au profit de sa femme, puisque s'il n'avait pas payé, elle aurait dû le faire ; elle doit donc l'indemniser. Une remarque suffirait à faire pencher vers notre solution, c'est qu'il est impossible de retourner contre le mari la protection que l'article 1510 a établie en sa faveur.

22. L'époux qui réclame une récompense à son conjoint est demandeur, c'est à lui qu'incombe la preuve de son droit. Il devra établir que la communauté a payé, à la la décharge de son conjoint, une dette dont celui-ci était débiteur, (art. 1510.) Ce sera donc trois faits à prouver : l'existence de la dette, le paiement, et enfin le versement des deniers par la communauté.

L'existence de la dette se prouvera par le contrat de mariage, par tout autre acte constatant les dettes existant alors, par la production du titre, et même par témoins ou présomptions, si on est dans les cas où ce mode de preuve est admis.

L'existence de la dette établie, il n'en résultera pas qu'elle a été acquittée, puisqu'elle peut avoir été prescrite ou remise, ou même qu'elle peut encore exister. On pourrait être tenté de dire, il est vrai, que l'existence de la dette ayant été prouvée, son extinction établie, elle doit être présumée payée parce que la prescription et la remise étant deux modes exceptionnels ne peuvent se supposer. Mais ce raisonnement n'est pas admissible en face des termes de l'article 1510 qui impose seulement l'obligation de faire raison des dettes « qui seront justifiées *avoir été acquittées* par la communauté à la décharge de l'époux. » Il faudra donc prouver le paiement. On le prouvera, du reste, par tous les moyens de droit commun. Il n'est pas nécessaire de faire remarquer que les juges pourront admettre la preuve par témoins, lorsqu'il aura été impossible de s'en procurer une autre ou qu'elle aura été détruite, ni que cette faculté sera surtout très précieuse à la femme qui a ses papiers à la disposition de son mari.

Ces deux premiers faits établis, il ne le sera pas encore que les deniers ont été fournis par la communauté. On a voulu le faire prouver comme on a dû établir l'existence de la dette et son paiement (1). Nous croyons que les termes de l'article 1510 ne nous obligent heureusement pas à exiger une preuve presque impossible. Que veut cet article ? Que les dettes soient justifiées avoir été acquittées par la communauté. Or si, pour les deux premiers faits, il

(1) Laurent t. XXIII, n° 300.

fallait apporter une preuve positive à cause de l'impossibilité de réputer vrai plutôt un fait qu'un autre, il en est différemment dans notre cas. Le mobilier apporté par l'époux débiteur, et celui qu'il a reçu depuis, sont tombés dans la communauté et y ont été confondus ; avec quoi aurait-il payé sa dette, si ce n'est avec les deniers communs (1) ?

23. Nous avons dit que l'époux dont la dette avait été acquittée durant le mariage, devait récompense à la communauté. Plusieurs conséquences résultent de la notion de *récompense* :

1° La femme renonçante n'en devra pas moins indemniser la communauté. La renonciation ne saurait l'affranchir de son obligation. Au lieu de rapporter son indemnité à la masse, elle la devra au mari qui, par le fait de sa renonciation, est devenu seul propriétaire de la communauté.

2° La femme ayant, au cas de renonciation, perdu tout droit sur la communauté, ne pourra exiger que le mari l'indemnise des dettes propres qu'il aurait acquittées avec les deniers de la communauté.

3° Au cas d'acceptation, l'époux débiteur de la communauté par suite de l'acquittement d'une de ses dettes propres en deniers communs, a sa dette éteinte par confusion et jusqu'à due concurrence de ce qui lui reviendra dans la communauté. Il ne peut donc être tenu de payer les intérêts échus depuis la dissolution, qu'à raison de

(1) En ce sens Rodière et Pont, et la grande généralité des auteurs.

l'excédant de sa dette sur sa part de communauté (1).

24. Il va de soi que les conventions accessoires qui s'ajouteraient à la clause de séparation de dettes sans y déroger, ne modifieraient en rien ces règles. C'est ce qu'a proclamé la jurisprudence à l'occasion ·de deux espèces qui lui étaient soumises. Dans la première (2), la Cour de Paris a décidé que l'obligation de récompense ne cessait pas si l'époux dont la dette a été acquittée, s'était réservé la faculté de vendre ses propres pour payer ses dettes, et n'avait pas usé de cette faculté. Dans la deuxième, les époux avaient stipulé que leurs dettes antérieures au mariage leur resteraient propres, et que les immeubles acquis durant la communauté seraient attribués au mari. Celui-ci prit une somme pour payer un immeuble acquis avant son mariage et à la dissolution, ses héritiers se refusèrent à en faire récompense, sous le prétexte que l'acquittement de la dette pouvait être envisagé comme un placement immobilier. Leur prétention fut naturellement repoussée à tous les degrés de juridiction (3).

(1) Cour de Paris, 20 février 1815 (De Carbonnières c. hérit. de Rannes.)

(2) Arrêt ci-dessus cité.

(3) Requêtes 16 avril 1833. (Hérit. Dieudonnat c. Veuve Dieudonnat.)

SECTION DEUXIÈME

SÉPARATION DE DETTES TACITE.

Préliminaires.

25. La séparation de dettes résulte de la volonté des parties, et comme cette volonté, dès qu'elle est certaine, a la même force, qu'elle se manifeste expressément ou se révèle implicitement par les diverses clauses du contrat, il n'est pas douteux que la séparation de dettes puisse être tacite. Sans doute les créanciers auront besoin de plus de discernement et de soins pour se mettre sur leurs gardes, mais cette raison n'a pas touché le législateur. Autrement, il n'eût pas laissé aux époux la faculté de combiner à leur gré les divers régimes, et d'en former un de toutes pièces. (art. 1387.) La loi n'a exigé qu'une chose : une volonté honnête manifestée d'une façon suffisamment claire, et l'emploi des garanties que réclame, suivant les cas, l'intérêt des tiers : immuabilité, publicité, inventaire etc.

26. Nous allons voir successivement les clauses qui nous paraissent produire séparation de dettes, d'une façon complète, tant entre les époux qu'à l'égard des créanciers. Ce sont, pour nous, les clauses de réalisation et d'emploi ; celle par laquelle les époux mettent en communauté un corps certain, et la réduction de la communauté aux acquêts.

7

Nous n'avons pas à répêter sous chacune de ces clauses les règles que nous avons déjà indiquées ci-dessus pour la séparation de dettes expresse ; il suffira de s'y reporter.

§ I. — *Séparation de dettes résultant de la clause de réalisation expresse.*

1° Notions Générales.

27. Au cas de communauté légale, tout le mobilier présent et futur des époux, quelque considérable, quelque inégal qu'il soit, tombe dans la communauté. Mais les époux sont libres de convenir qu'il leur restera propre en tout ou en partie ; c'est cette exclusion, cette stipulation de propres, que nos vieux auteurs ont nommée réalisation (1) parce que, dans une certaine mesure, elle faisait participer des meubles de la nature des immeubles.

Dans l'ancien droit, la clause de réalisation était vue avec une très grande faveur. Des coutumes (2) allaient jusqu'à l'établir légalement pour une partie de la dot, et de droit commun le juge l'établissait lui-même pour les deux tiers des apports, par une sorte de *restitutio in integrum* en faveur des mineurs, dont tout l'avoir était mobilier (3).

(1) Lebrun L. I, ch. V, III. — Il en voit l'origine dans la loi 21 *de pact. dot.*

(2) Bourbonnais art. 221.

(3) Lebrun I, V, III, 13.

Aujourd'hui, sans doute, nous ne connaissons rien de semblable, mais la clause n'en reste pas moins très usitée. Elle s'associe très souvent à la société d'acquêts comme caractérisant mieux encore le droit à la reprise des apports. Adoptée principalement, elle peut du reste produire le même effet que la société d'acquêts, si elle est réciproque et qu'elle porte sur tous les biens. Elle peut être stipulée par un seul des époux, et ainsi elle lui réserve les avantages qu'offrirait la réduction de la communauté aux acquêts, tout en établissant peût-être une véritable égalité, l'un des époux offrant à la communauté son mobilier, l'autre se le réservant, mais lui apportant son travail et ses talents.

2º Séparation de dettes.

28. En rangeant la clause de réalisation parmi celles qui restreignent le passif de la communauté, nous avons pris parti dans une sérieuse controverse, qui existait déjà entre nos anciens auteurs et qui dure encore sous le Code civil. On a prétendu, en effet, que cette clause ne modifiait en rien la composition passive de la communauté telle que l'indique l'article 1409 (1). D'autres ont proposé une distinction. Ils reconnaissent que la réalisation de tout le mobilier présent et futur, en se confondant avec la communauté d'acquêts, devrait produire les mêmes effets par rapport au passif ; mais ils se refusent à aller plus loin (2).

(1) Zachariæ, Delvincourt, Battur.
(2) Troplong. III, 1940 à 1945.

Pour nous, nous pensons, avec la grande majorité des auteurs, que la réalisation de tout ou partie du mobilier exclut, en général, les dettes dans la même proportion (1).

Examinons successivement les diverses hypothèses qui peuvent se présenter et efforçons-nous d'établir notre solution.

29. Il en est une que nous devons écarter de suite comme étant en dehors de notre règle. C'est celle où les époux auraient exclu de la communauté des objets déterminés, où la réalisation aurait eu lieu à titre parculier. Dans ce cas, la communauté est-elle déchargée d'une fraction des dettes correspondante à la valeur qu'avaient dans l'actif les objets que les époux se sont réservés ? Non. La réalisation a eu lieu, disons-nous, à titre particulier ; or, les dettes sont une charge de l'universalité des biens. A qui reste cette universalité ? à la communauté ; c'est donc elle seule qui doit supporter les dettes. C'est ce que disait Pothier dans une espèce où les motifs de décider sont les mêmes ; celle où la future épouse avait stipulé qu'elle reprendrait,au cas de renonciation,l'argenterie qu'elle avait mise en communauté (2). Cette hypothèse à part, nous croyons que l'exclusion du mobilier actif implique exclusion des dettes mobilières.

30. *Première hypothèse.* — La clause a été formulée comme le conçoit l'article 1500, 1er alinéa ; les époux

(1) En ce sens entre autres : Duranton, Rodière et Pont, Aubry et Rau, Laurent, Colmet de Santerre.

(2) Pothier n° 411. On cite un arrêt de la cour de Liège. (Vve Colson c. enf. Colson), 29 mars 1827.

ont exclu de leur communauté tout leur mobilier présent et futur. Il n'y a pas de différence entre cette clause et celle par laquelle les époux auraient expressément déclaré réduire leur communauté aux acquêts. Or l'effet de cette stipulation est, d'après l'article 1498, d'exclure de la communauté les dettes présentes et futures, c'est-à-dire les dettes antérieures au mariage et celles des successions ou donations qui leur adviendront. Le motif en est facile à donner ; les époux conservent leurs meubles, la communauté ne profitant pas de l'actif ne doit pas être tenue du passif. Ce motif est le même dans notre hypothèse, la décision sera donc la même.

On objecte que la clause de réalisation se confondrait alors avec celle de communauté d'acquêts, et qu'il y aurait double emploi et impossibilité de s'expliquer pourquoi le code en aurait fait deux sections différentes. L'objection ne nous paraît pas d'une grande importance. Les deux clauses ont une origine opposée ; la communauté d'acquêts nous vient des pays de droit écrit et particulièrement du ressort du parlement de Bordeaux, tandis que la clause de réalisation était usitée dans nos pays coutumiers, il n'est donc pas étonnant que, sous l'influence de cette différence d'origine, les rédacteurs du code nous les ait présentées séparément. Du reste, dans la section II, le législateur a eu moins en vue la réalisation de tout le mobilier que la réalisation partielle et surtout la clause d'apport. C'est à cette dernière clause en effet que se rapportent la plupart des articles de cette section. Il était nécessaire de traiter à part de ces deux clauses très différentes de la société d'acquêts. Enfin, et c'est la seule réponse à faire à l'objection, de ce que les rédacteurs du code auraient plus ou moins bien divisé leur matière, ou ne saurait en tirer aucun argument sérieux. On nous oppose encore le silence de l'article 1500, comparé à la disposition si explicite de l'article 1498. Ce silence ne peut rien prouver. La loi n'a pas entièrement réglementé ces petits régimes, elle s'en rapporte à l'intention des parties ; or comment supposer que celles-ci, parce qu'elles ont employé des noms différents, ont voulu régler différemment deux situations identiques.

31. *Seconde hypothèse.* — Les époux stipulent que le mobilier futur sera exclu de la communauté. La solution nous paraît encore devoir faire peu de difficulté. Ce mobilier futur déclaré propre, ce sera le mobilier qui adviendra par succession ou donation. Il faudra déclarer propres les dettes des successions mobilières, car la communauté, qui n'en reçoit pas l'actif, ne doit pas en supporter le passif. C'est le principe que le code applique dans la communauté légale, en y faisant tomber les dettes des successions mobilières et en excluant celles des successions immobilières (art. 1411 et 1412). Ici le mobilier de ces successions étant traité comme les immeubles, toutes les dettes doivent être assimilées aux dettes des successions immobilières.

32. *Troisième hypothèse.* — Les époux ont exclu leur mobilier présent sans parler de leurs dettes. Ce cas est le plus délicat ; il avait été discuté entre Lebrun et Pothier (1) ;

_____

(1) Lebrun L. II, ch. III, n° 6 ; Pothier, n° 352.

leurs arguments ont conservé leur force et peuvent encore servir aujourd'hui dans la controverse.

Lebrun, pour prouver que les dettes sont à la charge de la communauté, dit qu'en vertu de la maxime *qui épouse le corps épouse les dettes*, les dettes entrent en communauté, non pas à cause des meubles, mais *primario et per se*, et que pour les exclure il faudrait une clause de séparation de dettes. A cela Pothier répond sévèrement, mais très justement, qu'il n'y a là qu'une pétition de principe, et sa sa réponse à Lebrun sera la nôtre à ceux qui, de nos jours, ont reproduit cet argument (1). En effet, répondre ainsi, c'est résoudre la question par la question elle-même, car c'est là précisément ce qui est en discussion. Comme Pothier, nous pensons au contraire, que les dettes mobilières des époux ne grèvent la communauté légale que parce qu'elle reçoit l'universalité de leurs mobiliers, dont, suivant les principes de l'ancien droit français, les dettes mobilières sont une charge, « mais lorsque les conjoints ont composé autrement leur communauté conventionnelle, et qu'au lieu d'y apporter l'universalité de leurs biens mobiliers, ils n'y ont apporté chacun qu'une somme certaine, ou des corps certains, pour la composer ; on doit, par une raison contraire, décider que cette communauté ne doit pas être chargée de leurs dettes antérieures au mariage ; car les dettes ne sont charges que d'une universalité de biens et non de choses certaines, ou de sommes certaines : *æs alienum universi patrimonii, non certarum rerum onus est* ».

(1) Troplong n° 1943.

Voilà ce que disait Pothier et c'est son opinion qui a été adoptée par les rédacteurs du code, comme le prouve l'insertion dans notre titre de deux décisions reproduisant sa manière de voir. C'est l'article 1511, qui décide que l'époux qui promet à la communauté l'apport d'une somme fixe ou d'objets déterminés, et qui réalise ainsi l'universalité de son mobilier doit, par cela même, conserver à sa charge toutes ses dettes antérieures au mariage. Cet article est la consécration de l'opinion de Pothier et la condamnation de celle de Lebrun. C'est encore l'article 1514 qui donne également raison à Pothier contre Lebrun, en décidant que la femme qui stipule la reprise de ses apports, ne peut jamais exercer cette reprise qu'en indemnisant la communauté des dettes antérieures au mariage qui auraient été payées pour elle. Il y a donc de fortes présomptions pour croire que les rédacteurs du code ont adopté, dans notre hypothèse, la doctrine de Pothier, puisqu'ils l'ont reproduite dans des hypothèses voisines.

Les partisans du système contraire nous présentent une objection qui nous paraît avoir plus de valeur que la précédente. Les règles de la communauté légale sont, disent-ils, applicables à la communauté conventionnelle, à moins que le contrat n'y ait dérogé (art. 1528). Les époux n'ont modifié la communauté légale qu'en ce qui concerne l'actif; ils n'ont pas parlé du passif; il restera soumis au droit commun, il tombera en communauté. Qu'on ne dise pas qu'il y a, à exclure de la communauté l'actif et à y faire entrer le passif, une singularité qui ne saurait être autorisée par la loi; elle a autorisé la clause de séparation de dettes qui offre une anomalie analogue, puisque le mobilier des époux entre en communauté, tandis que leurs dettes en sont exclues. Nous répondrons que dans notre matière tout est question d'intention, et que c'est l'intention qu'il faut rechercher. Les règles que donne la loi sont seulement destinées à faire *présumer* cette intention quand elle est douteuse. Ici nous croyons que les parties ont implicitement dérogé au droit commun, et nous aussi nous pouvons invoquer l'article 1528, puisqu'il n'applique les règles de la communauté légale que si on n'y a dérogé *implicitement* ou expressément. Dans le doute nous disons que la loi suppose cette intention de ne mettre les dettes dans la communauté que lorsque le mobilier y tombe (art. 1409 comparé avec 1401). Dans tous les autres cas, *cessante ratione legis, cessat lex*. C'est ce qui résulte, comme nous le verrons, des articles 1498, 1511 et 1514. Ces articles nous montrent le passif suivant l'actif. Sans doute les parties pourraient en décider autrement et faire tomber leurs dettes en communauté. Mais la loi ne présume pas cette intention.

On est ensuite descendu sur le terrain des conséquences, dans l'espoir de faire repousser l'application des principes. On a fait l'espèce suivante : « Une femme se marie ayant des dettes assez considérables, mais elle a beaucoup de biens immeubles et un gros revenu dont la communauté profitera.... elle ne possède qu'un faible mobilier qu'elle exclut de la communauté » (1). On s'est demandé s'il était

(1) Troplong n° 1943.

possible d'admettre que la réalisation de ce mobilier eût pour résultat de faire rester propres les dettes présentes de la femme ? Oui assurément. Quoi ! les créanciers seront réduits à borner leurs poursuites à ce faible mobilier, tandis que la communauté aura en réalité toute la fortune de leur débitrice. Non pas, car que disons-nous ? que la réalisation produira séparation de dettes, mais la séparation de dettes, nous l'avons vu, ne prive pas le créancier du droit d'agir sur les biens mis dans la communauté par son débiteur. Les créanciers de la femme n'éprouveront donc aucun préjudice.

Nous pourrions aussi opposer au système que nous rejetons les conséquences parfois singulières auxquelles il aboutirait. Supposons que, de deux époux, l'un stipule l'apport à la communauté d'une somme déterminée, tandis que l'autre réalise son mobilier présent et futur ; il arriverait, d'après la décision de ce système, que celui qui fait un apport à l'actif social restera chargé de ses dettes et que le second qui n'apporte rien en sera personnellement affranchi. Celui qui n'a rien mis dans la communauté sera mieux traité que celui qui l'a enrichie !

33. Ce que nous venons de dire pour le cas d'exclusion totale du mobilier est applicable à l'exclusion partielle portant sur une quotité. Les dettes seront exclues dans la proportion de la réalisation ; au lieu d'être affranchie de toutes les dettes antérieures au mariage, la communauté le sera du tiers ou du quart de ces dettes, si c'est le tiers ou le quart de leur mobilier que les époux ont réalisé.

Mais faudra-t-il déclarer opposable aux créanciers cette

séparation d'une quotité des dettes ? Non, ce serait impra-
ticable, la communauté et les époux n'ont pas des droits
distincts chacun sur tels et tels meubles ; ils ont des droits
indivis sur l'ensemble des meubles jusqu'à concurrence
d'une certaine portion. Le créancier ne peut demander le
partage pour arriver à exercer son droit, comme l'exige
l'article 2205. Il serait forcé d'attendre dans l'inaction que
la communauté vienne à se dissoudre. Il n'en est pas ainsi :
la portion de mobilier qui doit rester propre aux époux
est confondue avec celle de la communauté ; les créanciers
pourront agir sur les deux, sans s'arrêter aux distinctions
qu'on leur opposerait (1). (Par analogie avec l'article 1510).

34. Jusqu'ici, en parlant des droits des créanciers nous
avons toujours supposé que les garanties cherchées
par la loi dans la confection d'un inventaire leur avaient
été accordées. Si on l'avait omis, il faudrait leur reconnaître le droit de se faire payer sur tous les biens des
époux, sans s'inquiéter d'aucune distinction (art. 1510, 2e et
3e alinéas).

3º Concours des époux avec les créanciers.

35. Le mobilier réalisé reste-t-il absolument propre
aux époux, ou devient-il la propriété de la communauté, qui
serait débitrice de sa valeur ? Question très importante,
puisque sa solution en détermine plusieurs autres d'un

(1) Aubry et Rau nº 523, nte 8, Laurent, Rodière et Pont, 1510.

grand intérêt pratique. Suivant qu'on décidera dans un sens ou dans un autre, on sera amené à prendre un parti opposé sur les points de savoir aux risques de qui est le mobilier réalisé, et quels sont les pouvoirs que le mari a sur lui (1). Ces deux questions sont hors de notre cadre, mais il n'en est pas de même d'une troisième, également très intéressante, celle de savoir si l'époux, pour reprendre le mobilier réalisé, viendra en concours avec les créanciers de la communauté, ou les primera. Si on décide qu'il en a conservé la propriété, pas de difficulté; il le reprendra à titre de propriétaire ou plutôt il le conservera affranchi du droit de jouissance, qu'avait reçu la communauté. Mais si on admet qu'il n'en est que créancier, la réponse dépendra alors de la solution d'une autre controverse fameuse, et par son importance capitale, et par les brusques changements de la jurisprudence; nous voulons parler des discussions qui se sont élevées sur la nature du droit de la femme quand elle exerce ses *reprises* n'existant plus en nature. Nous ne pouvons aborder cette controverse immense, et nous osons le dire, aujourd'hui épuisée. Si avec la jurisprudence actuelle de la cour de cassation (2), on ne lui reconnaît que les droits d'une créancière, il sera très important pour elle et pour ses créanciers personnels (art. 1166) de faire admettre que, par la clause de réalisation,

(1) Une doctrine enseigne pourtant que quelle que soit la solution adoptée, il faut toujours reconnaitre au mari le droit d'aliéner en qualité d'administrateur. Nous n'avons pas à prendre parti sur cette controverse.

(2) V. Cassat. 1er décembre 1858, 15 mars 1859 et surtout 16 janvier 1853.

elle a conservé la propriété des meubles réalisées. Elle y trouvera encore cet avantage considérable de les mettre à l'abri du droit de poursuite des créanciers de la communauté, et de celui que nous avons reconnu aux créanciers du mari sur tous les biens communs.

36. Il est impossible de donner à la question que nous nous sommes posée, une réponse unique et générale. Il faut distinguer plusieurs hypothèses qui demandent des solutions différentes. Dans les exemples que nous donnerons, quelques-uns se rapporteront peut-être à la société d'acquêts. Cela s'explique facilement, puisque la réduction de la communauté aux acquêts n'est qu'un des cas de réalisation. Nous traiterons donc ici complètement la question pour n'y plus revenir.

37. Parmi les biens réalisés, il peut se trouver des choses fongibles, qui, dans l'intention des parties, ne doivent pas être restituées *in specie*, et dont ordinairement on ne peut user sans les consommer. Le mari en est usufruitier, il en a l'usage et, par application des articles 587 et 1893, on reconnaît universellement qu'il aura le droit d'en disposer. Comme le droit de disposer n'appartient qu'au propriétaire, c'est qu'il en est devenu propriétaire comme chef de la communauté, partant la femme n'en est plus que créancière. C'est ce qu'a consacré un jugement du tribunal de la Seine, en décidant que la restitution de ses deniers faite à la femme était une libération passible du droit de quittance (1). Il faut prendre garde de confondre

(1) Dalloz, Enregistrement n° 866.

avec une somme d'argent, chose fongible, la créance de cette somme (1).

38. Les choses qui sont, par leur nature, destinées à être vendues deviennent également la propriété de la communauté. Le but auquel elles sont destinées nous semble les assimiler aux choses fongibles et devoir les faire traiter de même. M. Laurent (2) le conteste, parce que, dit-il, la communauté n'est qu'usufruitière, par exemple d'une carrière, et son droit de jouir ne lui donne pas celui d'aliéner la nue propriété. Assurément, mais où disposera-t-on de la nue propriété ? Ce qui est destiné à être vendu, ce ne sont que les produits. Le mari les vendra comme pourrait le faire tout usufruitier, sans aliéner la carrière qui appartient au nu propriétaire.

39. Le mobilier qui a été estimé devient la propriété de la communauté. C'est la disposition de l'article 1551 aux termes duquel : « Si la dot ou partie de la dot consiste en effets mobiliers mis à prix sans déclaration que l'estimation n'en fait pas vente, le mari en devient propriétaire et n'est débiteur que du prix donné au mobilier ». On a objecté (3) que cet article est écrit pour le régime dotal et ne peut être porté dans la matière de la communauté, puisque ces deux régimes ont une origine absolument différente. L'objection ne nous paraît pas avoir une bien grande force. On y a d'abord répondu en disant qu'il serait étrange qu'on hésitât davantage à déposséder

(1) Angers, 28 janvier 1871.
(2) T. 23, n° 150.
(3) Toullier t. XIII n° 366.

la femme de ses biens sous la communauté que sous le régime dotal qui est un régime excessivement conservateur. La réponse n'est pas concluante, car ces *forfaits* sont assez dans les habitudes du régime dotal ; il ne s'inquiète que de ne pas laisser diminuer l'avoir de la femme, tandis que le régime de communauté préfère l'associer aux chances de gain comme à celles de perte. Nous aimons mieux nous appuyer encore une fois sur l'intention présumée des parties. Celles-ci n'ont certainement pas voulu réaliser le mobilier lui-même. Les meubles corporels, pierreries, linges, livres, meubles meublants, tous se détériorent et perdent très rapidement une grande partie de leur valeur. La femme n'a pas voulu reprendre des hardes ou des ruines. Ce qu'elle a entendu reprendre, ce qu'elle a réellement réalisé c'est la valeur de ce mobilier, c'est l'estimation qu'elle lui a donnée. Si on admet cette explication, il est évident que la communauté a reçu la propriété des objets et que la femme n'en est plus que créancière. Cette opinion est encore fortifiée par l'article 1851 suivant lequel, quand des associés estiment les biens dont ils mettent la jouissance en commun, ils en transfèrent la propriété à la société. Pourquoi en serait-il différemment de la société conjugale que des autres sociétés.

Un auteur (1) a récemment proposé de trancher cette controverse par une distinction entre les meubles corporels et incorporels. Les premiers, il le reconnaît, tombent sous l'article 1551. Mais aux seconds il veut, par analogie

---

(1) M. Laurent t. XXIII n° 149.

appliquer l'article 1552, aux termes duquel l'estimation donnée aux immeubles ne vaut pas vente. Cette distinction est conforme, dit-il, à la volonté des parties qui n'ont pas voulu, moyennant un prix fixe, perdre la chance de la plus-value qu'acquerront certainement et régulièrement un fonds de commerce, des actions, des valeurs industrielles(1). Sans doute les parties ont espéré, ont désiré que leurs valeurs hausseraient, mais elles n'en ont pas été assurées. Elles ont craint qu'elles ne baissassent, et pour se mettre à l'abri elles les ont estimées. C'est un contrat aléatoire entre la femme et le mari, contrat destiné à permettre à celui-ci d'en disposer librement à ses risques et périls. Il est impossible d'admettre *qu'il en est de même d'un immeuble et d'un fonds de commerce*, que l'un et l'autre augmenteront certainement de valeur et qu'il est dans l'intérêt de l'époux de les conserver tous deux (2). Ce que nous reconnaissons, c'est qu'il faudra bien examiner s'il y a eu une véritable estimation de la créance, ou simplement l'énoncé de sa valeur nominale.

40. Enfin, s'il s'agit de meubles envisagés *in specie* non estimés, que déciderons-nous ? C'est là qu'est le point controversé, et la difficulté est sérieuse, même en nous isolant de toutes les controverses qui viennent presque naturellement se greffer sur celle-ci.

A première vue, la discussion se comprend à peine. Les époux ont exclu leur mobilier de la communauté, donc ils l'ont conservé propre ; c'est ce que veut dire le mot

(1) M. Laurent cite un arrêt de Gand de 1870.
(2) Paris 2 mai 1837 (Thion c. Thion).

stipulation de propres qu'employait notre ancien droit. Il nous paraît impossible d'aller contre le sens naturel des mots. Mais il y a des motifs de douter qu'il nous faut examiner rapidement pour revenir ensuite nous attacher aux termes bien nets de l'article 1500, 1er alinéa (1).

41. C'est un passage de Pothier qui est le point de départ de la controverse. C'est lui qui a donné l'idée de biens tout à la fois exclus de la communauté et mis dans cette communauté. C'est lui qu'on cite comme exposant l'ancien droit que le code aurait reproduit. Voyons donc d'abord ce que dit Pothier (2) : « L'effet de la clause de réalisation est que les biens mobiliers des conjoints qui sont réalisés par cette clause, sont réputés immeubles et propres conventionnels, à l'effet d'être exclus de la communauté, et d'être conservés au conjoint seul qui les a réalisés. Il y a néanmoins une grande différence entre les véritables immeubles qui sont propres réels de communauté, et ces propres conventionnels.... Au contraire, les mobiliers réalisés, ou propres conventionnels, se confondent dans la communauté avec les autres biens mobiliers de la communauté, qui est seulement chargée d'en restituer, après sa dissolution, la valeur à celui des conjoints qui les a réalisés ; en conséquence, le mari comme chef de communauté, peut aliéner les meubles que la femme a réalisés. La réalisation de ces meubles et leur exclusion de com-

---

(1) En ce sens la majorité des auteurs, notamment Toullier, Duranton, Aubry et Rau, Colmet de Santerre, Laurent. En sens contraire, Merlin Vᵒ réalisation, Delvincourt, Battur, Bellot des Minières.

(2) Communauté nᵒ 325.

munauté ne consiste que dans une créance de reprise de leur valeur, que le conjoint qui les a réalisés a droit d'exercer, après la dissolution de la communauté, contre la communauté dans laquelle ces meubles réalisés se sont confondus ; et c'est à cette créance de reprise que la qualité de propre conventionnel est attachée. »

42. Cette doctrine de Pothier est-elle la doctrine générale de nos anciens auteurs ? On l'a contesté (1), mais à tort, nous l'avouons. En effet, si de certains passages de Bourjon et de Renusson on pourrait induire une idée contraire, ces passages sont démentis par leur contexte. Ainsi Renusson dit bien (2) : « la stipulation de propres n'a qu'un seul effet qui est d'exclure de la communauté la chose mobilière, c'est-à-dire que la chose mobilière qui entrerait par le droit commun dans la communauté, en est exclue et distraite par la stipulation de propres. » Mais dans le numéro 3, il paraît bien supposer que l'objet réalisé n'en est pas moins entré en communauté, puisqu'il dit : « que ce qui avait été stipulé propre est une dette passive de communauté qui se considère comme toutes les autres dettes passives de la communauté et qui se doit acquitter de même. » Bourjon (3) dit bien aussi que ces effets ne tombent pas dans la communauté, puisque la convention, dérogeant à la loi, les en exclut, mais il renvoie à Renusson *loc. citat.* et à Lebrun traité de la Communauté, page 331, nº 15, et ces renvois nous paraissent singulièrement diminuer l'autorité de son

(1) Odier nº 730.
(2) Traité des propres, ch. VI, sect. III, nº 5.
(3) Titre XV, des propres fictifs, chap. II, sect. I. (nºˢ 1 et 2).

affirmation. Nous avons dit, en effet, ce que nous pensions de l'opinion de Renusson ; quant à Lebrun, dans le passage auquel Bourjon renvoie, il dit expressément que cette fiction « n'empêche pas le mari de disposer du meuble réalisé. » Nous croyons donc qu'il faudrait d'autres preuves que les passages ci-dessus indiqués de Bourjon et de Renusson pour accuser Pothier d'avoir mal rapporté le droit de son époque.

43. Mais notre droit est absolument étranger à la distinction des propres réels de communauté et des propres conventionnels ou fictifs. Il est donc difficile de supposer qu'il ait adopté la théorie de Pothier, si on ne l'établit par des indices bien évidents. On a compris qu'il fallait lui chercher une base dans le texte même et on a prétendu la trouver dans l'article 1503. Cet article suppose que les époux reprendront *la valeur* de ce qu'ils ont réalisé; c'est, dit-on, la preuve que la réalisation ne rend que créancier d'une valeur (1). Nous n'admettons pas que l'article 1503 prouve l'intention de consacrer la théorie de Pothier. Pour nous, cet article peut parfaitement s'expliquer autrement. Il peut viser le cas où le mari aurait détérioré ou aliéné sans droit le mobilier réalisé par sa femme. Et mieux encore, il nous paraît se référer à une hypothèse voisine, il est vrai, de la clause de réalisation, mais qui en est entièrement distincte : la clause d'apport. C'est ce qui résulte des termes de l'article et de son contexte.

(1) C'est cet argument qui a déterminé la Cour de Paris (arrêts de 1837).

L'article 1503 suppose clairement deux choses : une mise
en communauté et un apport excédant cette mise. Ce n'est
certainement pas le cas de la clause de réalisation
totale. Les époux n'ont rien apporté à la communauté et il
ne peut être question d'apport. S'il y a eu une réalisation
partielle, sans doute il y a bien alors apport de la partie
non réalisée, et l'époux, d'après Pothier, aurait le droit de
prélever ce qu'il s'est réservé propre, mais ce ne peut être
ce *mobilier exclu de la communauté* que l'article 1503 a
voulu désigner par les mots : le *mobilier qu'il a apporté*.
Dans cette hypothèse, il est impossible de concevoir l'excédant de l'apport sur la mise en communauté. Au contraire
cet article se comprend parfaitement si on l'applique à la
clause d'apport. Dans ce cas, il y a un apport, une mise en
communauté qui peut excéder ce qu'on avait promis d'y
mettre, et partant, donner une créance en reprise. Cette
explication paraîtra absolument satisfaisante si on regarde
l'ordre et l'enchaînement logique des articles 1500, 1501,
1502 et 1503. L'article 1500 a deux alinéas : Le premier
définit la clause de réalisation, le deuxième la clause
d'apport. L'article 1501 dit que l'époux débiteur est obligé
de justifier de cet apport. L'article 1502 explique comment
on en justifiera. Et enfin l'article 1503 permet de reprendre
ce qui, dans l'apport, excédait ce qu'on était convenu
de mettre en communauté. Dans quel apport ? Assurément
dans celui dont ont parlé les trois articles précédents.

Il n'y a donc rien dans le code qui indique qu'il ait suivi
la doctrine de Pothier. Il n'y a pas à s'en étonner. Les
motifs qui avaient déterminé nos anciens auteurs ont bien

perdu de leur force. A l'époque où ils écrivaient, le mobilier, c'était presque uniquement les meubles corporels, puisqu'on assimilait aux immeubles les meubles incorporels les plus importants. Aussi est-ce exclusivement en vue du mobilier corporel (1), et en invoquant la *nécessité*, que Pothier justifie sa solution dans les termes suivants : « Au contraire, les meubles réalisés étant des choses qui se consomment par l'usage même qu'on en fait, *quæ usu consumuntur* ou du moins qui *s'altèrent et deviennent de nulle valeur par un long usage, pour que la communauté en puisse avoir la jouissance*, et pour conserver en même temps au conjoint qui les a réalisés, quelque chose qui lui tienne lieu du droit de propriété qu'il a entendu se réserver par la convention de réalisation, *il a été nécessaire* d'abandonner à la communauté ces meubles réalisés, et de laisser au mari, chef de cette communauté, le droit de les aliéner et d'en disposer, *sans quoi la communauté n'en pourrait pas avoir la jouissance*, et de donner au conjoint qui les a réalisés, pour lui tenir lieu de son droit de propriété, une créance de reprise de la valeur des effets réalisés ». Au contraire, lors de la rédaction du code, les offices, les rentes constituées et foncières, les parts d'intérêts dans des sociétés ont été rangées au nombre des meubles, en même temps que, sous l'influence, des progrès économiques, leur importance augmentait considérablement. Au point de vue de la valeur, les meubles corporels ne

_____

(1) Nous ne croyons cependant pas que l'ancien droit ait restreint sa solution à ces meubles.

forment aujourd'hui et ne formaient déjà qu'une fraction minime du mobilier. Peut-on dire que les meubles, c'est-à-dire des rentes sur l'Etat ou sur des particuliers, des obligations, des actions, par un long usage *deviennent de nulle valeur?* Peut-on prétendre que la communauté, si elle ne peut les aliéner, ne pourra pas y trouver une *jouissance?*

Nous pouvons donc hardiment conclure qu'en l'absence de texte qui la contredise, notre solution est celle du Code, car elle est la plus en harmonie avec les dispositions de la loi, dans des cas où les motifs de douter seraient les mêmes. Quelle est en effet la position du mari par rapport aux biens propres de sa femme? Celle d'un usufruitier. Or, aux termes des articles 587, 588 et 589, l'usufruitier ne devient propriétaire que des choses dont on ne peut jouir sans les consommer. Quant à celles qui ne font que se détériorer par l'usage et, à plus forte raison, quant aux rentes et autres valeurs incorporelles, il doit les restituer dans l'état où elles se trouvent à la fin de l'usufruit. Par application de cette idée, l'article 1551 décide que la femme mariée sous le régime dotal conserve la propriété de ses meubles non estimés. Il n'y a aucun motif pour décider autrement dans notre hypothèse.

L'article 1498 porte que « lorsque les époux stipulent qu'il n'y aura entre eux qu'une communauté d'acquêts, ils sont censés exclure de la communauté leur mobilier présent et futur », et l'article ajoute que chaque époux prélèvera « *ses apports dûment justifiés* », ses apports eux-mêmes et non leur valeur. Cet article nous fournit plus qu'un argument d'analogie ; il nous donne la solution même que nos contradicteurs avaient cherchée à tort dans l'article 1503. Il n'y a en effet aucune différence entre la réalisation totale des apports des époux et la réduction de la communauté aux acquêts. Quant au point qui nous occupe, il n'y a pas d'avantage à distinguer entre la réalisation partielle et la réalisation totale. Un auteur éminent (1) a soutenu le contraire et décidé que dans le premier cas seulement le mobilier tombe en communauté. Dans le second, au contraire, les époux en gardent la propriété, parce qu'alors le fonds du régime est l'*absence de communauté*, puisque les époux n'acquerront peut-être jamais rien de commun. Ce système est à rejeter absolument, ne craignons pas de le dire. Il néglige le droit pour s'attacher au fait, et il se brise aux dispositions formelles des articles 1497 et 1528, comme à l'intitulé de la section lui-même.

Nous, avons, il nous paraît du moins, expliqué les dispositions qu'on nous opposait, établi sur des textes la théorie que nous prêtions à la loi : nous pouvons donner à notre système une base à la fois plus commode et plus sûre. Nous sommes en matière de conventions matrimoniales, dans lesquelles, nous ne saurons trop le répéter, l'intention des parties forme la véritable loi. Nous n'avons qu'à rechercher ce qu'elles ont voulu, car ce qu'elles auront voulu, elles l'auront fait. Elles ont *exclu* leur mobilier de la communauté, donc il leur est resté. Elles n'ont pas voulu qu'il devienne commun, il demeurera pro-

(1) M. Troplong n° 1902.

pre, c'est-à-dire qu'il continuera d'être leur propriété. D'après le régime légal, il serait tombé en communauté ; elles ont déclaré rejeter ce régime, la dérogation a écarté la règle, le mobilier est en dehors de la communauté.

La jurisprudence se montrait d'abord hésitante (1), aujourd'hui sa tendance est bien accusée dans notre sens (2).

44. Nous connaissons l'intérêt qu'il y a à dire qu'un bien est propre, il nous faut voir comment se fera la preuve de cette propriété.

Avant d'entrer dans des distinctions nécessaires, posons en principe que tout bien est réputé commun, si on ne prouve à quel titre il est propre. Cette présomption peut s'appuyer sur l'article 1528 qui rend applicable à la communauté conventionnelle la disposition de l'article 1402. Pour la réalisation totale et réciproque, elle peut se baser sur l'article 1498 qui déclare partageables, c'est-à-dire communs, tous les biens qui ne sont pas des *apports dûment justifiés*. A défaut de texte, elle serait commandée par une idée dont l'article 1402 n'est que l'application, à savoir que la possession fait présumer la

(1) Voir dans le sens de Pothier ; Cour de Paris 21 janvier 1837 (Bordière c. Peujon) et 15 avril 1837 (Langlois c. dame Duguer). On cite souvent aussi un arrêt de cassation du 25 juillet 1834, (Henri c. Desbassayns) ; il ne nous paraît pas pertinent. Dans notre sens : requêtes 9 juin 1836 (Hannaire et Happay c. Tandon) et implicitement Paris 23 février 1835 (Jaullain c. Bourdeau).

(1) Paris 15 février 1839 (Dame Fernagu c. Bourgeois); Paris 3 janvier 1852 Soupé c. Savetier-Caudray); Amiens 28 décembre 1854 (Hennan c. Tumbeuf); Rejet 16 juillet 1856 (Hennan c. Tumbeuf); Paris 25 février 1868 (Dumont c. Guiblin).

propriété. Ces biens sont possédés par la communauté, c'est à elle qu'ils appartiendront, si on ne fait la preuve contraire.

Pour décider maintenant comment doit être faite cette preuve, nous devons distinguer trois situations différentes. Nous verrons d'abord les époux en face des créanciers de la communauté, essayant de soustraire à leurs poursuites les biens qu'ils se sont réservés. Nous les verrons aussi recourir l'un contre l'autre, à l'occasion de la saisie des biens dont ils n'ont pu établir la propriété envers les créanciers, et nous constaterons que la preuve est alors moins difficile. Enfin nous aurons à nous demander quel mode de preuve devra employer l'époux qui, à l'occasion de cette indemnité, viendra en concours avec les créanciers de son conjoint.

45. Les créanciers ont vu les époux posséder un mobilier important, ils seraient frustrés si ceux-ci pouvaient leur opposer, sans preuve rigoureuse, qu'il a été apporté par la femme et qu'il est à l'abri de leurs poursuites. Les fraudes seraient aussi faciles pour les époux que dangereuses pour les tiers. Aussi la loi a garanti les droits des créanciers, en limitant strictement les modes de preuve qui leur seraient opposables. Elle exige des actes que leur authenticité mette à l'abri des soupçons d'exagération et d'antidate.

Cette juste sévérité résulte pour nous de l'article 1499, aux termes duquel le mobilier existant lors du mariage ou échu depuis, s'il n'a pas été constaté par un inventaire ou état en bonne forme, est réputé acquêt. Les auteurs disent assez généralement (1) que cette obligation résulte de l'article 1510. Sans doute il y a une certaine analogie entre les situations prévues par les deux articles, mais elles ne sont pas identiques. Il nous semble bon d'avoir l'article 1499 pour baser notre exigence sur un texte précis, car les sévérités ne s'étendent pas. Que décide en effet l'article 1510 ? Que les créanciers personnels de l'un ou de l'autre époux, à défaut d'inventaire, pourront se venger non seulement sur les biens provenant de leur débiteur, mais encore sur les biens communs et sur ceux de l'autre conjoint. Sans doute cet article aura fréquemment son application sous notre clause, puisque souvent la réalisation entraînera séparation de dettes. Mais ce n'est pas l'hypothèse que nous avons maintenant en vue, quand nous cherchons quelles sont les formalités à remplir pour mettre les biens réalisés à l'abri des poursuites des créanciers de la communauté.

Le code de commerce, réglant la revendication au cas de faillite a une disposition identique à celle de l'art. 1499 : « La femme pourra reprendre en nature les effets mobiliers qu'elle s'est constitués par contrat de mariage ou qui lui sont advenus par succession, donation entre vifs ou testamentaires, et qui ne seront pas entrés en communauté, toutes les fois que l'identité en sera prouvée par inventaire ou tout autre acte authentique. A défaut par la femme, de faire cette preuve, tous les effets mobiliers, tant à l'usage

_____

(1) Voir Rodière et Pont n° 1274; Dalloz, contrat de mariage n° 2615, et les auteurs qu'il cite.

du mari qu'à celui de la femme, sous quelque régime qu'ait été contracté le mariage, seront acquis aux créanciers, sauf aux syndics à lui remettre, avec l'autorisation du juge commissaire, les habits et linge nécessaires à son usage. » (C. de Comm. art. 560).

La disposition de l'article 1499 est formelle, la femme doit prouver sa propriété par un inventaire ou état en bonne forme, autrement elle ne peut rien réclamer. Aucun autre mode de preuve ne lui est ouvert, qu'elle veuille revendiquer ses biens en nature ou en prélever la valeur (1). C'est en vain qu'elle offrirait de prouver sa propriété, même par les modes de droit commun. Il ne faut pas dire que c'est sacrifier la femme aux créanciers. Pour une grande partie de ce mobilier, celui qu'elle avait eu en se mariant, elle est en faute de ne pas en avoir fait régulièrement constater la valeur, dans un temps où elle avait toute sa liberté. Dans tous les cas, elle sera admise, lorsqu'elle recourra contre son mari, à user de la faveur de l'article 1504, et pour cette indemnité, nous verrons qu'elle viendra concourir avec les créanciers sans qu'on puisse lui opposer l'article 1499.

46. Nous avons dit que la femme devait avoir à opposer aux créanciers un inventaire ou état en bonne forme. Pour les biens qu'elle a apportés en se mariant ce sera un inventaire antérieur au mariage, ou un état sous seing privé

(1) Bordeaux 9 avril 1853 (de Farges c. de Cages), Cassat. 19 juin 1855 (Daleau c. Pascault), Cassat. 16 janvier 1877 (de Fos c. syndic de Fos), Lyon 13 mars 1867 (Charnet-Crozet c. Vve Riche), 21 janvier 1833 (Pascault c. Daleau).

annexé au contrat de mariage. Pour les biens advenus durant le mariage, ce sera un compte de tutelle, l'état estimatif accompagnant une donation. Ont été considérées comme suffisantes : 1º La désignation du fonds de commerce dans le contrat de mariage (1) ; 2º L'énumération dans le contrat de mariage des objets que la femme entend se réserver propres (2). Cette dernière solution avait été donnée sous l'empire de l'ancienne loi sur les faillites ; aujourd'hui elle ne pourrait faire de doute, puisque l'article 560 se contente d'un acte authentique quelconque.

47. Pour nous, il est de toute évidence que les parties ne pourraient, par leur contrat, modifier ces règles sur les preuves (3), au moins au point de les rendre opposables aux créanciers. La cour de Poitiers a pourtant jugé le contraire (4). La cour a invoqué l'article 1387 qui laisse aux époux la liberté de régler à leur gré leurs conventions matrimoniales. La cour reconnaissait elle-même, dans les motifs, que cette latitude était limitée par la nécessité de respecter l'ordre public et les bonnes mœurs. Mais la clause lui avait paru n'avoir rien de contraire à l'ordre public. Nous ne partageons pas cette manière de voir. Les preuves ne doivent pas dépendre de la volonté d'une des parties ; elles ne relèvent que de la loi, et les particuliers ne peuvent, sans blesser l'ordre public, y stipuler des déro-

(1) Paris 23 février 1835 (Jaullain c. Bourdeau).

(2) Rouen 25 août 1825 (Dalloz, faillite nº 1090).

(3) En ce sens, Poitiers 6 mai 1836 (Martineau c. Chonne); Dijon 14 août 1872.

(4) Poitiers 16 décembre 1868 (Sicard c. Golleville).

gations. Aussi croyons-nous que la clause devrait être considérée, dans ce cas, comme non écrite et par conséquent ne pas valoir, même entre les époux. Il en serait différemment si les parties avaient uniquement modifié le mode de preuves dans leurs rapports réciproques. Nous reconnaîtrions alors un effet à cette clause, parce qu'elle nous semble licite.

48. Voyons maintenant comment l'époux dont le mobilier a été saisi pourra prouver contre son conjoint qu'il lui était propre, afin d'avoir une indemnité. Il faut pour cela distinguer si les meubles saisis avaient été apportés lors du mariage, ou s'ils sont advenus pendant sa durée.

49. Si les meubles sont advenus durant le mariage, il n'y a pas de difficulté. La femme n'a pas alors sa liberté, elle est sous la dépendance de son mari. Ce n'est pas à elle qu'on peut imputer le défaut d'inventaire. Au contraire le mari en est toujours responsable; il devait y faire procéder, ou en son nom, s'il s'agit d'un mobilier à lui échu, ou comme chef des actions de sa femme (art. 1414), si c'est la femme qui a recueilli les biens. Pour que la femme ne souffre pas de la négligence ou de la fraude de son mari, il faudra lui accorder toutes les facilités pour établir son droit. La loi elle-même fournit cette solution dans l'article 1504 qui, placé à la fin des clauses de réalisation, s'applique à toutes. Cet article règle différemment les droits des deux époux.

Le mari, s'il avait négligé de faire constater par un inventaire le mobilier à lui échu, ne pourrait faire preuve de la consistance de ce mobilier par témoins (1), et moins encore par la commune renommée. Il pourrait tout au plus l'établir par un acte de partage excluant toute idée de fraude (2). Il ne pourrait pas davantage prouver que la valeur des biens advenus à sa femme était diminuée par des dettes.

Si, au contraire, c'est d'une succession échue à sa femme qu'il a négligée de faire faire inventaire, celle-ci et ses héritiers pourront en établir la consistance par titres, par témoins et même par la commune renommée. Quant à l'existence même de la succession ou de la donation, nous permettrions de la prouver par témoins, mais non par la commune renommée. En effet, il n'y a pas de motifs d'accorder à la femme de prouver par un mode exceptionnel, puisqu'on ne sait pas si le mari est en faute, et que, pour le décider, il faudrait préjuger l'existence des succession ou donation alléguées (3). Nous n'admettrions pas davantage la femme à prouver contre le contenu de l'inventaire, si ce n'est par les moyens de droit commun.

Quelle sera la position des héritiers du mari. Ils n'ont pas plus de droits que leur auteur, à moins qu'ils ne prétendent que le défaut d'inventaire a eu pour but d'avantager la femme au préjudice de leur réserve. Il y aurait alors une fraude qu'ils pourraient prouver par tous les moyens, même par des présomptions, et partant par la

(1) Limoges 3 août 1862 (Bellegry c. Perrichon).
(2) Orléans 24 février 1860 (Rentien c. Rentien) *Secus* Marcadé.
(3) Conf. Laurent. t. XXIII n° 184 et en sens contraire, Cassat. 28 novembre 1866.

commune renommée (1). Hors de ce cas, ils seront soumis aux mêmes règles que le mari.

50. La question est plus difficile, quant au mobilier que les époux possédaient au jour du mariage. Nous ne sommes plus dans les termes de l'article 1504 qui parle uniquement du mobilier échu pendant le mariage et nous n'avons même pas les motifs qui l'ont dicté. La femme, ici, n'est pas moins en défaut que le mari lui-même, si elle n'a pas fait constater son mobilier. Elle n'était pas encore dans l'état de dépendance qui a inspiré les distinctions de l'article 1504. C'est pourquoi nous rejetons toute application qu'on voudrait en faire, soit en faveur des deux conjoints (2), soit en faveur de la femme (3). Le motif (4) qu'on a puisé dans la jurisprudence du parlement de Bordeaux nous touche peu. C'est qu'en effet, nous avons sous les yeux l'article 1499 avec sa disposition claire et formelle. Quelle que soit l'autorité de Pothier et de la tradition, celle de la loi doit l'emporter sur elle. L'article 1499 ne demande ni explications ni additions. A défaut d'inventaire ou d'état authentique et antérieur au mariage, la présomption est que le mobilier est acquêt. Aussi croyons-nous (5) qu'il est impossible de justifier, en théorie, les dérogations timides que des circonstances de

---

(1) Limoges 3 août 1860 déjà cité.

(2) Pothier n° 300, Battur.

(3) Toullier.

(4) Rodière et Pont, Malleville.

(5) En ce sens Odier, Bugnet, Laurent ; Douai 2 avril 1846 (Testelin c. Candelle).

fait, bien plus que l'analogie ou la tradition, ont fait admettre par la jurisprudence (1).

Il ne faudrait pas tomber dans un autre excès et se montrer plus rigoureux que la loi. Il ne faut pas plus l'exagérer que la violer. On a cherché dans l'article 1502 la preuve qu'il suffisait d'une déclaration par le mari dans son contrat que son mobilier est de telle valeur (2). Ce raisonnement par analogie ne nous paraît pas nécessaire, il nous semble qu'il résulte de l'article 1499 lui-même que c'est là une preuve suffisante. Cette déclaration peut être envisagée comme un *état*. Elle offre du reste toute garantie, ayant été faite à une époque où l'indépendance de la femme vis-à-vis du mari subsistait entière. Il ne faudrait pas qu'elle fût trop vague ou trop générale. Nous considérerions encore comme satisfaisant à la prescription de l'article 1499 la quittance donnée par le mari dans son contrat ou dans tout autre acte antérieur au mariage (3).

Les principes conduisent à excepter de toutes les règles exposées ci-dessus l'hypothèse spéciale ou l'un des époux acquerrait une créance contre son conjoint dans une succession à laquelle il serait appelé. L'héritier continue à exercer la créance telle qu'elle est née dans le patrimoine de son auteur, aussi bien quant à la preuve que quand au

(1) Poitiers 15 novembre 1865. Agen 2 juillet 1869 (Cadis c. Cadis).
La jurisprudence est approuvée par la majorité des auteurs, qui invoquent l'autorité de Pothier nᵉ 300 ; Voir Aubry et Rau t. V, page 450, nˡᵉ 13.

(2) Rodière et Pont n° 1271.

(3) *Secus* cour de Bourbon 10 mai 1845 (Lesport c. Montanzé.)

fond, et la circonstance qu'il s'est marié sous tel ou tel régime n'aura aucune influence. Il peut donc faire preuve de sa créance par les voies ordinaires et, comme l'aurait pu faire son auteur, interroger le débiteur sur faits et articles. Mais d'un autre côté, si c'est la femme qui se prétend créancière, elle ne peut recourir qu'aux moyens de droit commun, sans se prévaloir de l'article 1504 (1).

51. Les biens propres de la femme ont été saisis par les créanciers du mari, parce qu'ils n'étaient pas régulièrement constatés par rapport à eux ; la femme veut se faire indemniser sur la fortune de son mari, et elle se trouve en concours avec ses créanciers. Il pourrait sembler, à première vue, qu'elle sera repoussée, puisqu'elle n'a pas pris les mesures destinées à leur rendre son droit opposable. Ce serait une confusion de mots. Elle n'oppose pas aux créanciers son droit de propriété, elle vient elle-même comme créancière, et les autres créanciers n'ont pas plus de droits que leur débiteur qui les a représentés. Les actes opposables à celui-ci, le leur seront également. Qu'on ne nous objecte pas les articles 1499 et 1510 ; ils ne règlent que le droit de poursuite des créanciers et les conditions auxquelles les époux sont admis à revendiquer leurs propres. C'est ce qui résulte de l'article 563 du Code de commerce ; il décide qu'au cas de faillite les femmes mariées à un commerçant ou à un homme sans profession qui l'est devenu dans l'année, n'auront hypothèque légale que pour les deniers et effets mobiliers qu'elles auraient

(1) Cassat. 29 novembre 1853 (Lorenchet c. Gaudry).

9

apportés en dot ou qui leur seraient advenues durant le mariage et dont elles feront preuve par *acte ayant date certaine.* Il néglige donc entièrement l'inventaire exigé par l'article 1499 pour l'hypothèse qu'il prévoit. Et en décidant que pour venir comme hypothécaire la femme doit présenter un acte ayant date certaine (1), il suppose que sans cette garantie, elle pourra venir comme créancière chirographaire (2).

52. Il y a un cas particulier où la preuve de la propriété sera soumise, tant entre époux qu'envers les créanciers, à des règles spéciales ; c'est le cas où les époux allèguent qu'un immeuble est propre à l'un deux à titre de remploi. Dans ce cas, ils devront prouver l'exécution *rigoureuse* des formalités exigées par les articles 1434 et 1435. Il ne suffirait pas de prouver après coup que l'acquisition a été faite avec des deniers propres pour rester la propriété de l'un des époux (3). C'est encore une application de l'article 1528. En cas de faillite, il faudrait que l'origine des deniers fût constatée par un inventaire ou autre acte authentique (Commerce 558).

53. Il y a des difficultés lorsqu'on prétend reprendre

(1) Cassat. 27 décembre 1852 (Syndic Deshoures c. Deshoures); Cassat. 22 février 1860 ; Grenoble 17 août 1854 (Ferrari c. syndic Ferrari).

(2) Limoges 20 juin 1839 (syndic Southon c. dame Southon), Douai 27 mai 1841 (syndic Jaclin c. dame Jaclin), Lyon 29 avril 1850 (Cuzin c. syndic Cuzin). Voir Boistel, Précis de droit commercial n° 1023 ; Aubry et Rau.

(3) Cassat. 22 mars 1853 (Bécades c. Choudres), cassant un arrêt de Toulouse en sens contraire. Agen 7 février 1821 (Caignac), Paris 13 janvier 1854.

comme propre l'immeuble acquis en remploi d'un propre mobilier. On a soutenu (1) que les articles 1434 et 1435 ne parlant que de l'aliénation *d'immeubles ou de droits immobiliers*, ces biens étaient seuls sujets aux remplois. C'est une opinion presque universellement repoussée. En effet ces articles ne visent que ce qui arrive le plus souvent, s'ils ne se sont pas occupés des propres mobiliers c'est que sous la communauté légale ils sont très rares ; mais de ce qu'ils n'en ont pas parlé, il n'y a aucun motif pour admettre qu'ils aient voulu les exclure. Car il est à remarquer qu'il n'y a aucune raison à alléguer pour justifier la différence qu'on voudrait établir. Nous n'ajouterons pas, avec la Cour de Cassation, que ce serait violer la liberté des conventions matrimoniales, car les époux n'ont pas inséré dans leur contrat une clause d'emploi (2), et il est impossible de présenter le remploi comme l'exécution d'une clause du contrat.

54. Les difficultés augmentent et deviennent sérieuses si les époux, comme il arrivera le plus souvent, ont employé, pour faire l'acquisition, non pas le prix d'un corps certain, tel qu'une créance, un titre de rente, mais des deniers, choses éminemment fongibles. Dans ce cas, on a fait cette objection très forte que le régime matrimonial se trouvait modifié. Alors l'époux, qui avait ses deniers convertis en un corps certain, recevait avant l'heure le paiement de la créance qu'il avait contre la

---

(1) Duranton et Laurent.
(2) Voir ci-dessous clause d'emploi.

communauté. Il avait sa position améliorée puisqu'il échappait au concours qu'il aurait dû subir comme créancier. La communauté perdait l'avantage de pouvoir employer pour ses besoins la somme d'argent dont elle avait joui jusque-là. Cet argument a une force que nous ne pouvons nous dissimuler, et il aurait changé notre décision sans un texte de notre code : l'article 1595. Il résulte de cet article que cet argument ne s'est pas offert à la pensée du législateur ou ne l'a pas touché, car il suppose et autorise la dation en paiement d'un immeuble par le mari à sa femme pour le *remploi de deniers* à elle *appartenant*. Et il n'y a aucune raison de distinguer entre le remploi en immeubles du mari et celui qui serait fait en immeubles vendus par des tiers (1).

§ II. — *Séparation de dettes résultant de la clause d'emploi.*

55. La clause d'emploi est celle par laquelle un des époux stipule qu'une certaine somme apportée par lui ou à prendre sur son mobilier sera employée à son profit en acquisition d'immeubles. L'article 93 de la coutume de Paris fournissait un exemple de cette clause : « somme de deniers donnée par père, mère, aïeul ou aïeule, ou autres ascendants, à leurs enfants en contemplation de mariage, pour

(1) Opinion générale de la doctrine. Cassation 16 novembre 1859 (Bermer-Fontaine c. Magny), Douai 15 juin 1861 (Lannoy-Hérault c. Hamille.) Sécus Caen 17 juillet 1857 cassé par l'arrêt ci-dessus.

être employée en achat d'héritage, encore qu'elle n'ait été employée, est réputée immeuble à cause de sa destination ».

Cette convention équivaut à une clause de réalisation, sans distinguer si la somme a été employée ou si elle ne l'a pas encore été. Ce n'est pas à dire qu'il n'y ait pas pour l'époux, comme pour les créanciers communs, intérêt à distinguer si elle a été ou non exécutée. Dans le premier cas, l'époux en faveur de qui elle avait été stipulée, si l'on a rempli les formalités des articles 1434 et 1435, est, comme nous l'avons établi, propriétaire d'immeubles qu'il reprendra sans souffrir des dettes de son conjoint ni de la communauté. Dans le second, au contraire, simple créancier d'une valeur dont la communauté a le quasi-usufruit, il ne viendra qu'en concours avec les autres créanciers. Mais la réalisation aura eu lieu, quoique avec une énergie différente, et produira des conséquences. Ainsi, à la dissolution, l'époux aura droit de reprendre les deniers dont l'emploi avait été stipulé. Ainsi encore, pour nous, il y aura séparation de dettes tacite (1).

56. Cet effet a été contesté (2). On a fait remarquer que l'article 93 de la coutume de Paris n'attribuait cet effet qu'à la clause visant une donation faite par les ascendants. C'est, a-t-on dit, une faveur résultant d'une disposition expresse de la coutume, car en général, la réalisation résulte de l'emploi effectif et non de l'obligation imposée au conjoint d'opérer l'emploi.

(1) Presque tous les auteurs. Voir Rodière et Pont. Nimes 19 décembre 1830.

(2) Battur t. II, page 304.

C'était mal interprêter la doctrine de l'ancien droit. L'article 93 n'était que l'application d'une idée générale, ainsi que le dit très clairement Pothier : « C'est par forme d'exemple que la coutume de Paris parle d'une somme donnée par père, mère ou autre ascendant ; il en est de même du cas auquel elle aurait été donnée à l'un des futurs conjoints par quelqu'un de ses collatéraux, où par un étranger, pour être employé en achat d'héritage, et pareillement lorsque l'un des futurs conjoints stipule, à l'égard d'une somme d'argent qui lui appartient, qu'elle sera employée en achat d'héritages ; dans tous ces cas, la clause que la somme sera employée en achat d'héritages équipolle à la stipulation qu'elle sera propre. » (1). Et Lebrun, qu'on a cité quelquefois à tort comme partisan de l'opinion contraire, était du même avis que Pothier (2). Il devait en être ainsi, puisqu'aux termes même de l'article 93, si la somme était réputée propre, c'était à *cause de sa destination*. On doit en effet suivre l'intention des parties ; or cette intention ne résulte pas de l'exécution de l'emploi. Ce que les parties ont voulu, c'est moins de prescrire l'acquisition d'immeubles que d'assurer à l'époux la reprise de son apport ; sans doute si l'emploi n'a pas eu lieu, cette volonté sera moins sûrement assurée ; l'époux ne viendra qu'au marc le franc, mais ce n'est pas une raison pour refuser à la clause tout effet. L'article 1500 permet aux époux d'exclure leur mobilier de la communauté, sans les assujettir à aucune formule spéciale ; leur intention est ici évidente, elle doit

(1) N° 316.
(2) Lebrun part. III, ch. II, s. I, dist. III, n°s 9 et 10.

être respectée. A côté de ces motifs juridiques, nous pouvons encore faire valoir des raisons d'équité. Si c'est la femme qui a stipulé l'emploi de ces derniers, il serait inique que le mari pût se prévaloir de sa faute pour augmenter son émolument de communauté. Si c'est au profit du mari qu'elle a été insérée au contrat, il serait dangereux de lui permettre, en ne pas l'exécutant, d'avantager indirectement sa femme.

57. Le même auteur dont nous venons de repousser la manière de voir a également défendu une autre restriction. Pour lui la somme donnée à la femme ou apportée par celle-ci sous condition d'emploi n'est réalisée qu'après le paiement effectif des deniers. S'ils ne sont jamais versés, aucun des effets de la réalisation ne se produira au point de vue actif, ni au point de vue passif. C'était, fait-il observer, l'opinion de Lebrun (1), ne comprenant pas qu'on imputât au mari de n'avoir pas employé des deniers qu'il n'avait pas reçus. L'argument de Lebrun est sans valeur ; la réalisation, en effet, s'opère non pas à titre de peine pour le mari, mais en exécution de la volonté des parties. L'opinion contraire à celle de Lebrun avait déjà prévalu dans l'ancien droit et il était difficile de la contester, en face des termes de l'article 93 de la coutume de Paris, qui porte somme *donnée* et non pas *payée*. Il ne peut, en effet, être loisible au mari de modifier les effets des conventions matrimoniales selon qu'il lui plairait d'exiger ou non le paiement (2).

(1) Loc. citat. n° 12.
(2) Troplong. Dans l'ancien droit on cite en ce sens Duplessis.

§ III. — *Séparation de dettes résultant de la réduction*
de la communauté aux acquêts.

1º Séparation de dettes.

58. La clause qui réduit la communauté aux acquêts
est, comme son nom l'indique, restrictive de la communauté
légale. Elle en restreint les effets, tant au point de vue de
l'actif qu'à celui du passif. C'est ce qu'indique l'article 1498
en ces termes : « Lorsque les époux stipulent qu'il n'y
aura entre eux qu'une communauté d'acquêts, ils sont
censés exclure de la communauté, et les dettes de
chacun d'eux actuelles et futures, et leur mobilier respectif
présent et futur ».

Nous aurons à revenir sur la composition du passif;
quant à l'actif, corrigeons de suite la rédaction de l'article,
qui manque de précision. La loi n'a évidemment pas voulu
exclure de la communauté tout le mobilier futur ; une
grande partie y entrera comme *acquêt*. Ce que la
loi a exclu, c'est uniquement le mobilier acquis par
donation et succession, qui entrerait dans l'actif de la
communauté légale. Là se borne la différence, car les
meubles acquis avec les produits de l'industrie des époux,
et avec les économies faites sur les revenus, en font partie
intégrante. C'est ce qui résulte du nom même de la clause :
« *Société d'acquêts* ». Mais ce titre à lui seul ne nous
donnerait pas encore une idée juste, parce qu'il laisserait

en dehors les fruits et revenus des propres qui certainement y tombent également (art. 1498).

59. Les dettes mobilières actuelles des deux conjoints, c'est-à-dire celles qui grevaient leurs biens lors du mariage, sont exclues de cette communauté (art. 1498) ; elles tombent au contraire dans la communauté légale. Cette différence est l'application d'un principe que nous avons souvent invoqué et dont nous avons accepté les conséquences, même contestées. Si les dettes grèvent la communauté, c'est qu'elles sont la charge des biens qu'elle reçoit ; la société d'acquêts ne les recueillant pas ne doit pas être chargé des dettes. *Ubi est molumentum ibi et onus esse debet.* Par application du même principe, les dettes des successions que recueilleront les époux resteront en dehors de la communauté. Il ne peut en être autrement ; la communauté légale doit les supporter dans la proportion où elle perçoit l'actif des successions. Comme la communauté d'acquêts ne reçoit jamais rien, elle ne peut être tenue de rien. C'est à ses termes qu'il faut réduire la disposition de l'article 1498.

L'article 1498, pris à la lettre, conduirait à cette conséquence inadmissible que toutes les dettes contractées par les époux durant le mariage resteront en dehors de la communauté. Il n'en est rien. Il n'y a pas plus séparation de toutes dettes que séparation de tous biens. En un mot, nous ne sommes pas en face d'un régime sans communauté. A côté des patrimoines des époux, il y a une communauté avec l'actif que nous avons dit et le passif correspondant, avec un passif conforme à l'idée et au but de la communauté.

60. Le passif de la communauté comprendra donc :

1º Les dettes contractées par le mari pendant la communauté et par la femme autorisée de son mari ou de justice, dans les hypothèses exceptionnelles de l'article 1427 (art. 1409). Il faut que le mari, chef de la société, qui peut en aliéner directement les biens, puisse les offrir en garantie des obligations qu'il contracte ou fait contracter par la femme dans leur intérêt commun.

Et pour que son administration soit possible, pour que le mari n'hésite pas à se servir du crédit qu'il trouvera, il faut reconnaître que, comme sous la communauté légale, il y aura présomption que la dette a été contractée dans l'intérêt de la communauté. L'époux qui voudra obtenir récompense d'une dette de son conjoint, qui aurait été acquittée par la communauté, devra prouver qu'elle a été contractée dans un intérêt propre. Et ce sans distinguer si la dette est née du chef de la femme ou du mari (1).

2º Les arrérages et intérêts des dettes personnelles aux époux. Car la communauté a la jouissance de tous les biens, et ces dettes sont une charge de la jouissance. Ici elle sera plus lourde que sous la communauté légale parce que les dettes propres seront beaucoup plus nombreuses.

3º Les réparations d'entretien des propres. La communauté est usufruitière et doit les supporter comme tout usufruitier.

4º Les aliments des époux, l'éducation et l'entretien des

(1) Cassat. 6 février 1833 (Garbe c. Reynaud); Bordeaux 12 février 1834 (Bodin c. Linard).

enfants et toutes les autres obligations qui naissent du mariage. C'est le but même de la société conjugale, la fin que se sont proposée les époux en s'associant.

Ces dettes seront supportées comme le sont les dettes de la communauté légale.

61. Il n'y a de difficultés sérieuses que dans un cas particulier, celui où, suivant un usage pratiqué en Normandie et en Belgique (1), on aurait stipulé une communauté réduite aux acquêts immobiliers. La validité de cette clause avait été niée par un assez grand nombre d'auteurs (2), mais elle n'a jamais été mise en question par la jurisprudence, et aujourd'hui les auteurs eux-mêmes en général ne la contestent plus (3). Dans ce cas il y a quelques doutes sur le point de savoir si les époux doivent supporter par moitié toutes les dettes de cette communauté, dettes généralement contractées par le mari. On avait proposé de répartir les dettes proportionnellement à la valeur respective des immeubles qui composent la société d'acquêts, et à celle des meubles qui restent la propriété du mari (4). Un autre système soutenu en doctrine (5) considérait la communauté réduite aux acquêts immobiliers comme constituant, non pas une véritable communauté, mais une éventualité de communauté, et voulait

(1) Ce sont les pays qui ont fourni des arrêts sur la question. Voir *infra*.

(2) Notamment Zachariæ, Bellot des Minières, Rodière et Pont, 1ᵉ édition.

(3) *Secus* Colmet de Santerre nᵉ 162 b. VII.

(4) Caen 31 mai 1828 (Brisson c. Brisson).

(5) Marcadé Revue critique t. III p. 89.

écarter toute règle *à priori* pour se déterminer d'après le résultat de l'administration et mettre les dettes à la charge du mari s'il n'avait fait aucune acquisition immobilière, à la charge de la communauté s'il avait ainsi employé toutes les économies, proportionnellement à la charge des deux s'il avait employé ses économies tant en meubles qu'en immeubles.

Nous croyons, au contraire, avec une pratique constante et unanime (1), que toutes les dettes se partageront entre les deux époux, qui recueilleront l'actif par moitié. En effet, la communauté d'acquêts est soumise, à moins de dérogations, aux règles de la communauté légale. Sous la communauté légale, les dettes contractées par le mari seraient tombées dans la communauté et auraient été supportées également par le mari, et par la femme. Il doit en être de même ici. On objecte que peut-être la part de la femme dans la communauté sera entièrement absorbée par les dettes contractées par son mari, tandis que celui-ci conservera intacte une grande quantité de mobilier propre. Nous répondons que sans doute cette clause est dangereuse. Elle pourra blesser l'équité ; mais ce ne sera pas seulement indirectement, en faisant supporter par la femme une partie des dettes contractées par le mari dans son unique intérêt. Le mari pourra s'avantager d'une façon bien plus directe ; il lui suffira d'employer toutes les économies en achats de meubles qui lui resteront propres, au lieu

(1) Cassation rejet 3 août 1850 (Vve Vimard é. hérit. Vimard) Caen 21 janvier 1850 (Jourdan c. Jourdan) Rouen 29 juin 1850 (Berc c. Legrand) 15 mars 1851 (Lemonnier c. Lemonnier et Guérard).

d'acheter des immeubles qui se partageront par moitié, lors de la dissolution. Les parties ont adopté cette clause, elles ne l'ont probablement pas fait sans raison. Elles doivent en subir les conséquences et accepter les règles qu'imposent les principes du droit. Les meubles acquis par le mari sont entrés dans son patrimoine personnel, sur lequel il ne peut être tenu (sauf l'application de l'article 1483) que pour moitié.

Et au second système que nous repoussons, à plus forte raison, nous répondrons, en particulier, qu'il est erroné qu'il n'y ait pas immédiatement une société d'acquêts mais l'éventualité d'une société, éventualité subordonnée au fait par le mari d'acheter des immeubles. On confond l'existence de la communauté et l'existence d'un actif social. C'est tout différent. Rien n'empêche de concevoir une communauté existant sans aucun bien. En fait, il existe des quantités de communautés établies par la loi en l'absence de contrat, dont le passif, quoique assez faible, excède cependant l'actif. Du reste, les conventions matrimoniales doivent être immuables et indépendantes de la volonté des parties, c'est ce que nous paraît oublier le système que nous repoussons (1).

2º Influence sur le droit de gage des créanciers.

62. Telle que nous venons de l'esquisser dans ses grands traits, la communauté réduite aux acquêts est très employée

_____

(1) Grande majorité des auteurs : notamment Paul Pont revue critique t. III, page 898.

dans les pays coutumiers; elle est pour ainsi dire le droit commun de ceux qui font des contrats. Ses avantages avaient frappé le législateur, et la proposition de M. Malleville d'en faire le régime légal eût été sérieusement discutée, si elle n'avait eu contre elle la tradition coutumière et des difficultés de pratique. La communauté légale, a-t-on fait observer très justement, est surtout le régime de ceux qui se marient sans contrat. Or ceux-là ne feront pas d'inventaire ni d'état authentique; leurs biens seront donc confondus et réputés conquêts, car il est impossible d'autoriser la preuve de la *propriété* par témoins ou présomptions. Il n'y aura donc pas d'intérêt à s'écarter du système de nos anciennes coutumes.

Mais il n'y a rien d'étonnant à ce que les parties, lorsqu'elles font des conventions matrimoniales, préfèrent la communauté réduite aux acquêts à la communauté légale. C'est qu'en effet, la vie commune, ses travaux et ses intérêts, ne commençant qu'avec le mariage, les parties ne désirent pas faire rétroactivement remonter à une époque plus éloignée la société conjugale, confondre une certaine partie de leurs biens et presque toutes leurs dettes, faire réaliser à l'un un bénéfice et à l'autre une perte. Cet inconvénient de la confusion des deux mobiliers actif et passif devient plus sensible de jour en jour, à mesure qu'augmente l'importance des fortunes mobilières.

63. Nous aimerions donc à nous arrêter quelque temps sur cette clause, mais au point de vue juridique elle n'est qu'une heureuse application de la clause de réalisation que nous avons traitée ci-dessus, avec quelque

développement. Pour connaître quels sont, sous la communauté d'acquêts, les droits des créanciers et ceux des époux, tant dans leurs rapports réciproques qu'aux prises avec les tiers, il suffira de se reporter à ce que nous avons dit sous les clauses de réalisation totale et de séparation de dettes. Nous nous bornerons à examiner un point sur lequel on a prétendu trouver une différence entre la réalisation de tous les biens présents et futurs et la communauté réduite aux acquêts.

64. Nous nous sommes demandé si le mobilier réalisé restait la propriété des époux, ou si ceux-ci étaient uniquement créanciers de sa valeur, et nous avons adopté la première opinion. Un auteur (1) dont l'opinion est restée isolée, a voulu distinguer, suivant que la réalisation est expresse (art. 1500), ou résulte de la clause d'acquêts (art. 1498). Dans ce dernier cas seulement il admet avec nous que les époux sont restés propriétaires. Il fonde son système en disant : « qu'il ne s'agit pas, dans cette dernière hypothèse, d'une communauté tempérée par une réalisation de meubles, mais d'une absence de communauté, pour tout ce qui n'est pas acquêt.... La simple réalisation suppose que le fond du régime choisi par les époux est la communauté, sauf quelques exceptions partielles. Ici, au contraire, le fond du système matrimonial est l'absence de communauté, sauf les acquêts. Le jour du mariage, ou avant que les époux aient eu le temps d'acquérir, il n'y a pas de communauté. On comprend que sous le régime de réalisation, dont la

(1) M. Troplong.

communauté est la base, les rapports respectifs s'interprètent par les lois familières à cette communauté ». Il aurait pu ajouter, pour justifier sa différence, que la société d'acquêts et la clause de réalisation étant d'origine tout-à-fait différente, il n'y avait rien d'extraordinaire à leur appliquer des règles opposées. Cette distinction ne pouvait être admise. La clause d'acquêts est devenue une clause de communauté comme l'indiquent et l'article 1528 et l'intitulé de la section : *de la communauté réduite aux acquêts*. On ne peut donc dire que le fonds du régime soit « *l'absence de communauté* ». Nous avons déjà précédemment indiqué qu'il n'était pas permis de confondre l'inexistence de la communauté avec celle des biens communs. Nous ajouterons qu'il n'y a aucun motif de distinguer entre deux situations identiques en fait, comme dans l'intention des parties.

65.   Nous en aurions donc fini avec la société d'acquêts s'il ne nous restait pas à voir les rapports des créanciers les uns avec les autres, la lutte des créanciers communs et des créanciers propres. C'est une question du plus grand intérêt et d'une sérieuse difficulté.

66.   D'abord, à défaut d'un droit de préférence accordé directement par la loi, les créanciers de la communauté, dans certaines circonstances, ne pourraient-ils pas se le procurer ?

A la dissolution de la communauté, ses créanciers ne pourraient-ils pas user du droit qu'accorde l'article 878 à ceux d'une succession et demander la *séparation des patrimoines* de façon à se faire payer sur l'actif social, sans avoir à subir le concours des créanciers des époux ? Non assurément, ils ne peuvent invoquer aucune décision de la loi, étendant en leur faveur la disposition exceptionnelle de l'article 878. Certainement, en consacrant le bénéfice de séparation des patrimoines, bénéfice d'origine romaine, le législateur n'a jamais songé à eux. C'est un point sur lequel nous ne connaissons pas de contestation ; car nous ne donnons pas ce nom à une phrase incidente qui se trouve dans les considérants d'un arrêt de la cour de Caen (1).

67. Nous arrivons maintenant à cette grave difficulté : les créanciers de la société d'acquêts n'ont-ils pas un droit de préférence contre les créanciers personnels des deux époux? Disons de suite que la question ne se pose qu'après la dissolution de la communauté. Tant qu'elle dure, il est en effet certain que les créanciers de la femme ne peuvent pas agir sur les biens communs, s'ils ne sont pas, en même temps, créanciers de la communauté. D'un autre côté, pour nous, il n'y a pas de différence à faire entre les créanciers du mari et les créanciers de la communauté, jusqu'à sa dissolution.

La controverse ainsi précisée, on a soutenu que les créanciers de la communauté d'acquêts avaient un droit de préférence, comme l'auraient les créanciers de la communauté légale, et que, dans tous les cas, ils l'auraient toujours à cause des règles particulières de la société d'acquêts.

(1) Caen, 13 novembre 1844 (Marie c. Guillot).

Nous n'avons pas à examiner le point de savoir s'ils ont ce droit en vertu des règles de la communauté légale, et comme l'auraient les créanciers d'un époux marié sans contrat ; c'est une question hors de notre sujet. Elle a été controversée et elle l'est encore. L'étude en demanderait des développements d'autant plus longs que les auteurs qui admettent ce droit de préférence ne s'accordent ni sur ses conditions ni sur ses motifs (1). Nous nous contentons donc, pour montrer l'intérêt pratique de la question que nous allons nous poser, de faire remarquer que la jurisprudence, d'accord avec la grande majorité de la doctrine, le leur refuse absolument (2).

68.   Ce droit n'appartiendra-t-il pas, au moins exceptionnellement, aux créanciers d'une société d'acquêts ? Nous ne le pensons pas. La communauté d'acquêts est soumise aux mêmes règles que la communauté légale, en l'absence de dérogations résultant de la loi ou du contrat. Nous ne voyons pas, du reste, quel motif on aurait pour traiter les communautés d'acquêts autrement que la communauté légale. On a allégué en faveur de l'opinion contraire, que d'après la jurisprudence de l'ancien parlement de Bordeaux, la *société d'acquêts* était traitée comme

(1) Voir Troplong t. III n° 1765 ; Rodière et Pont n° 1139.

Voir également un jugement du tribunal de Beaume-les-Dames (Hotelain c. Barçon) et un arrêt de Nancy 2 février 1865 (Vautrin c. Prevost).

(2) Voir notamment un arrêt de cassation du 11 décembre 1878 (Vve Fourtec c. époux Menut.). Voir également cassation 18 avril 1860 (d'Hotelans c. Barçon), Besançon 24 Juin 1858 (d'Hotelans c. Barçon). Caen 13 décembre 1844 (Marie c. Guillot).

une société ordinaire. Cet argument a peu de force. Rien de plus discuté que la question de savoir si les sociétés civiles ont une personnalité. Du reste, quelle que soit l'opinion qu'on adopte sur ce point, elle n'aura aucune influence sur la décision de notre controverse.

L'article 1538 nous indique bien, en effet, que c'est dans la communauté légale, et non au titre des sociétés, qu'il faut chercher les règles applicables à la communauté réduite aux acquêts (1). On a cité comme étant en sens contraire la jurisprudence de la cour de Bordeaux ; nous serions porté à croire qu'au moins un de ses arrêts, le plus ancien, statue sur une communauté régie par l'ancienne coutume.

§ IV. — *Séparation de dettes résultant de la mise en communauté d'un apport déterminé.*

69. L'article 1511 prévoit cette clause en ces termes : « lorsque les époux apportent dans la communauté une somme certaine ou un corps certain. »

L'indication de l'apport entraîne réalisation du surplus du mobilier présent. C'est l'avis de Pothier « Quoiqu'on n'ait pas ajouté, dit-il, que le surplus serait propre, ce

---

(1) En sens contraire, Tessier, Rodière et Pont. On cite également deux arrêts de la cour de Bordeaux des 23 janvier 1826 (Viau c. Sabrier) et 6 juillet 1832 (Lajonie c. Imbert). Voir Dalloz, contrat de mariage n° 2511.

surplus est censé tacitement exclu de la communauté, de même que s'il eût été stipulé propre, car dire que d'une somme déterminée il en entrera en communauté une moindre, c'est bien dire que le surplus n'y entrera pas : *qui dicit de uno, negat de altero.* » (1)

Cette stipulation rend l'époux débiteur de ce qu'il a déclaré apporter ; car promettre, c'est s'obliger. Qu'a fait l'époux qui a déclaré apporter telle somme ou tels et tels objets ? Il a promis, il s'est donc obligé. C'est le droit commun des sociétés, ainsi qu'il résulte de l'article 1845 : « chaque associé est débiteur envers la société de tout ce qu'il a promis d'y apporter ». Et, toujours conformément au droit commun des obligations, l'époux débiteur est garant de l'éviction, s'il a promis un corps certain : *Nec enim videntur data quæ tempore eo quo duntur, accipientis non fiunt.* Comme le fait observer Pothier, au n° 302, c'est une différence avec la communauté légale, et c'est une différence nécessaire ; car l'époux qui a fait la déclaration d'apport s'est obligé à apporter tel meuble déterminé, tandis que de droit commun, il ne devait mettre en communauté que le mobilier qu'il possédait, et autant qu'il le possédait.

La déclaration d'apport a pour effet de réaliser une partie de la fortune mobilière ; elle est donc régie par les règles que nous avons exposées sous la clause de réalisation expresse. Sous la réserve des controverses que nous avons alors indiquées, nous dirons que l'époux reprendra en

(1) Communauté n° 317.

nature, à titre de propriétaire, les corps certains qu'il n'a pas mis en communauté et qu'il viendra comme créancier reprendre les deniers dont la communauté est devenue quasi-usufruitière.

70. Sur le point qui nous intéresse spécialement, en ce qui concerne le passif, nous admettons également que la clause d'apport produira les mêmes effets que la réalisation expresse. Comme les époux n'ont pas parlé de leurs dettes, on pourrait être tenté de soutenir qu'elles restent soumises au droit commun, et que chaque époux devra réciproquement supporter celles de son conjoint, même antérieures au mariage. C'était l'opinion de Lebrun dans l'ancien droit; opinion presque isolée et rejetée avec une grande énergie par Pothier (1). Nous avons déjà résumé les arguments des deux auteurs, à propos de la réalisation expresse, et nous n'y reviendrons pas. Plus heureux que pour cette dernière clause, nous n'avons pas besoin, pour déterminer la doctrine du code, de recourir à des analogies. Nous la trouvons avec une clarté suffisante dans l'article 1511. D'après cet article, l'apport d'un corps certain ou d'une somme certaine emporte convention tacite qu'il n'est pas grevé de dettes antérieures au mariage. L'apport doit être intact, et il ne le serait plus si la communauté avait à prendre la charge des dettes de l'époux qui l'a effectué. C'est la raison de l'article 1511. Aussi, si l'apport est diminué par des dettes, il y aura lieu à une action en récompense pour indemniser la communauté. C'est la

(1) N° 352.

disposition de l'article 1510, 1er alinéa, en cas de séparation de dettes. Nous pouvons donc dire que les deux clauses produiront un effet identique.

71. Pousserons-nous plus loin cette assimilation et dirons-nous qu'elles produiront également des effets identiques à l'égard des créanciers. Assurément, puisque nous avons admis que la clause d'apport produirait réalisation, nous sommes porté à cette conclusion. Elle est en outre conforme à la volonté des parties, et nous ne saurions trop le répéter, c'est là la grande règle d'interprétation en manière de conventions matrimoniales. Il est certain qu'il y aura séparation de dettes entre les époux, donc c'est l'époux et non la communauté qui doit. N'est-il pas vraisemblable de penser que les époux ont voulu faire acquitter la dette par celui qui en est le véritable débiteur, qui la supportera définitivement plutôt que d'imposer à la communauté l'obligation de l'avancer et de lui faire courir les risques d'une insolvabilité ? Les parties, en adoptant la séparation de dettes, ont certainement voulu la faire la plus énergique possible. Rien dans la loi ne nous empêche de suivre leur intention.

Qu'on ne dise pas que la loi ne reconnaît pas d'effets, envers les tiers à la séparation de dettes tacite, comme on le voit dans le cas de la clause de franc et quitte. Nous répondrions facilement qu'on a vu ci-dessus, dans l'article 1498, la loi indiquer comme opposable aux tiers, la séparation de dettes résultant tacitement d'une clause de réalisation. Si la clause de franc et quitte ne leur est pas opposable c'est par une dérogation spéciale renfermée dans l'article 1513. On ne saurait trouver une pareille dérogation dans les termes de l'article 1511. Sans doute cet article ne reproduit que la première partie de l'article 1510, celle qui oblige les époux *à se faire respectivement raison* des dettes qui diminuent leurs apports, mais s'il a négligé de répéter le deuxième alinéa de l'article précédent, c'est qu'il n'avait qu'à déclarer que, dans ce cas encore, il y avait séparation de dettes, sans redire quels en étaient les effets. Le législateur, du reste, a bien manifesté son intention, en plaçant, dans la rubrique de la séparation de dettes, une clause qui l'aurait été mieux parmi celles de réalisation.

72. Tout en admettant cette théorie d'une façon générale, on l'a contestée pour le cas où l'on aurait déclaré apporter en communauté une somme certaine. On a dit que l'apport d'une somme (article 1511) se confondait avec la mise en communauté jusqu'à concurrence d'une certaine valeur (article 1500, 2e alinéa) (1). Nous n'admettons pas cette solution. Dans notre ancien droit on ne faisait pas de distinction entre le cas où l'on avait promis d'apporter une somme et celui où l'on avait promis un corps certain. L'article 1511, en réunissant les deux hypothèses dans une seule disposition, a consacré la doctrine rapportée par Pothier (2).

73. On peut se demander enfin si cette séparation s'étendra aux dettes futures, aux dettes des successions et

(1) Laurent t. XXIII nos 232 et 233.
(2) No 322, *initio*, etc.

donations qui surviendraient durant le mariage. La solution de cette question dépend du point de savoir si l'actif
de ces successions et donations entrera en communauté.
Nous croyons que c'est là, avant tout, une question d'interprétation du contrat.

Mais que décider si les termes du contrat ne permettaient
aucune induction, si les parties avaient déclaré adopter la
disposition de l'article 1541 ? On a dit que les conventions
d'apport devaient s'interpréter restrictivement, et que, par
application de l'article 1528, il fallait déclarer ces biens
communs. Nous sommes d'un avis différent. C'est très bien
de ne pas étendre les clauses qui dérogent au droit commun,
mais encore faut-il attribuer aux expressions employées
toute la portée qu'elles comportent. Les époux n'ont
déclaré apporter que certains biens; le reste, ils ont manifestement voulu se le réserver (1). C'est dire que nous
admettons qu'il y aura séparation aussi bien des dettes des
successions et donations qu'il recueilleront, que des dettes
antérieures au mariage.

(1) Rodière et Pont, n° 1412. *Secus* Aubry et Rau.

CHAPITRE II

Clause produisant cet effet uniquement entre les époux.

SECTION PREMIÈRE

DE LA CLAUSE DE FRANC ET QUITTE.

1° Notions Générales.

74. La clause de franc et quitte est la déclaration qu'un des époux n'a pas de dettes antérieures au mariage. Elle peut-être unilatérale ou réciproque. Elle est généralement faite par un tiers, mais rien n'empêcherait qu'elle ne le fût par un des époux lui-même.

Pour Pothier, la clause dont nous nous occupons se distinguait complètement de la séparation de dettes. Il intitule l'article qu'il leur consacre : « De la convention de séparation de dettes et de la clause de franc et quitte; » et il dit expressément que cette convention est entièrement différente de la convention de séparation de dettes (1).

Pour lui, les époux ne sont pas parties à notre convention,

(1) Communauté n° 370.

ils n'y interviennent pas; le tiers seul s'est engagé, seul
il est obligé. Cette doctrine est conforme à la rigueur des
principes et serait inattaquable sous un droit formaliste.
Ceux-là seuls en effet ressentent les effets des conventions
qui y ont joué un rôle.

Le code, lui, a répudié cette manière de voir; c'est ce
qu'on pourrait induire de ce qu'il a rangé cette clause
sous la rubrique de la séparation de dettes; et c'est ce que
l'article 1513 dit expressément puisqu'à ses termes,
l'indemnité à laquelle a droit celui dont le conjoint a été
déclaré franc de dettes, se prend d'abord sur la part de
communauté revenant à ce conjoint et sur ses biens propres, et que c'est seulement en cas d'*insuffisance* que cette
indemnité peut être poursuivie par voie de *garantie* contre
les tiers qui ont fait la déclaration. C'est l'époux qui doit
d'abord l'indemnité, et les garants ne sont tenus que
subsidiairement. La clause, au lieu d'être étrangère à l'époux
déclaré franc et quitte, le concerne principalement. C'était
la doctrine que notre législateur devait suivre.

Elle est en effet conforme à ses principes. Sans doute on
n'est pas débiteur sans être obligé, mais rien n'empêche de
s'obliger tacitement. C'est ce qu'a fait l'époux qui a laissé
insérer notre clause sans protester. Il serait immoral qu'il
laissât faire dans son contrat cette déclaration, qui est
peut-être la condition de son mariage, et arguât ensuite
qu'il n'y a pas été partie, pour en diminuer le plus
possible les effets. Si on ne voulait pas admettre avec nous
qu'il a tacitement pris part à la convention, il faudrait
chercher dans le dol dont il s'est rendu coupable envers

son conjoint, le principe d'une obligation. Enfin l'intention présumée des parties, qui a tant de poids en notre matière, ne lui permet pas de laisser son conjoint poursuivre en vain le bénéfice de cette clause contre un garant devenu insolvable, tandis qu'il agirait comme si cette déclaration n'avait pas été faite.

75. Aujourd'hui donc la clause de franc et quitte implique virtuellement, dans les rapports des époux entre eux, une séparation de dettes. Il ne faut pourtant pas la confondre avec la clause expresse de séparation de dettes, dont nous nous sommes occupé au début de ce travail. Elle aura un effet plus étendu, mais moins énergique.

Si elle est faite par un tiers, elle aura cet effet de cautionner l'obligation de l'époux tenu, comme nous venons de le dire, de faire raison de ses dettes. Mais même faite uniquement par un conjoint (1), elle aura des effets que n'aurait pas eus la clause de séparation de dettes. Il sera donc très prudent de combiner ces deux clauses, dont la réunion établira la plus sûre garantie contre l'existence de dettes présentes.

En cas de séparation de dettes, l'époux qui en serait grevé ne doit indemnité à la communauté que pour les intérêts échus avant le mariage. Notre clause l'obligera à lui rembourser, non seulement ces intérêts, mais encore ceux échus postérieurement au mariage, Il doit en être ainsi, car l'époux s'est déclaré sans dettes ; son conjoint,

---

(1) Troplong a nié à tort la possibilité de cette stipulation (tome 3. n° 2060).

trompé par cette fausse déclaration, a compté sur toute la
fortune apportée ; il doit être indemnisé, si l'existence de
dettes le prive d'une partie des revenus. Aussi était-ce la
décision que donnait Pothier (1), et elle a été adoptée par
les rédacteurs du code. C'est ce qu'indique la place
occupée par l'article 1512, qui a été mis avant l'article
1513, pour bien montrer qu'il ne visait pas cette dernière
hypothèse, mais uniquement les deux cas de séparation de
dettes prévus par les articles 1510 et 1511.

76. Mais, d'un autre côté, la clause de franc et quitte
sera moins avantageuse que la séparation de dettes
expresse, car elle ne sera pas opposable aux créanciers.

L'opinion contraire a été soutenue par un très petit
nombre de partisans (2). La clause de franc et quitte
renferme, a-t-on dit, une séparation de dettes implicite, plus
une garantie accessoire ; n'est-il pas étrange que, dans le
cas où les époux ont voulu assurer davantage cette séparation, on la rende moins énergique ? A ce raisonnement,
on a répondu péremptoirement, croyons-nous, par un
argument de texte. Il existe en effet une très grande différence de rédaction entre les articles 1510 et 1513. Ce
dernier, non-seulement ne se réfère en aucune façon aux
articles précédents, et n'indique pas par *a contrario* qu'à
certaines conditions la clause sera opposable aux créanciers,
mais il leur reconnaît toujours le droit de poursuivre la
communauté, puisqu'il règle le recours que fera naître

---

(1) n° 375.
(2) On cite M. Bellot des Minières.

cette poursuite, sans distinguer s'il y a eu ou non inventaire. Du reste, ce n'est qu'une application de l'article 1528 auquel nous nous sommes déjà si souvent référé. Les parties n'ont pas déclaré que les dettes de l'un des époux étaient exclues de la communauté, elles ont simplement dit que s'il avait des dettes, il devrait en indemniser la communauté. Elles n'ont pas entendu déroger aux règles qui auraient régi les droits des créanciers, au cas de communauté légale, il faut donc appliquer ces règles.

77. L'époux devant indemniser la communauté de ces dettes antérieures au mariage, il peut s'élever des difficultés pour savoir si une dette qui n'a pas date certaine et qui a été payée pendant la communauté, était ou non antérieure au mariage. Nous pensons qu'il faut distinguer, suivant que l'indemnité est réclamée à l'époux qui était débiteur de la dette ou au tiers qui l'a garantie.

Au premier cas, il nous paraît impossible d'admettre l'époux à critiquer la date que lui-même a donnée à l'acte. Si nos anciens auteurs (1) se refusaient à admettre tout recours pour ces dettes, c'est qu'ils n'avaient jamais en vue qu'un recours contre le tiers auteur de la déclaration, et seul obligé.

Mais nous croyons que si, en cas d'insuffisance du recours contre l'époux, on s'adressait au tiers qui l'a garanti, celui-ci serait en droit de méconnaître un acte sous seing privé. Nous sommes alors dans l'hypothèse

(1) Lebrun Liv. II, chap. III, sect. III, n° 46 ; Duplessis Liv. II, chap. I, sect. IV ; Pothier n° 367.

prévue par notre ancienne jurisprudence, et comme
Lebrun (1) nous craignons l'antidate. Autrement, il serait
« à la liberté d'un fils de ruiner son père en antidatant
des promesses sous seing privé » (2). Marcadé (3) admet
que ces actes leur seront opposables, sous la réserve de la
preuve contraire, par tous les moyens. Il se fonde sur ce
que le conjoint n'a aucune espèce de reproche à se faire,
qu'il lui était impossible d'avoir une autre preuve, tandis
que le tiers a été imprudent en se portant garant. Ces
motifs assez peu sérieux ne nous paraissent pas pouvoir
faire échec à l'article 1328. Le même motif nous fait rejeter
le tempérament proposé par Rodière et Pont (4). Ces
auteurs, s'appuyant sur ces mots de Pothier « on ne doit
pas *ordinairement* comprendre ces dettes chirographaires »
veulent trancher la question suivant les circonstances.

2º Etude spéciale des effets à l'égard du conjoint.

78. Nous avons dit que la clause de franc et quitte
produisait entre époux au moins, une sorte de séparation
de dettes. Nous allons nous en rendre compte en examinant
dans quels cas le conjoint de l'époux ainsi déclaré exempt
de dettes, aura droit à une indemnité et comment il la
réclamera.

(1) *Loc. citat.*
(2) Duplessis *loc. citat.* En ce sens Troplong nº 2067 ; Duranton
t. XV, nº 130.
(3) Sous-article 1512, nº 3.
(4) Nº 1481.

79. Si la communauté a eu à payer les dettes antérieures d'un des époux, dettes sur lesquelles on ne devait
pas compter, le conjoint peut en souffrir de différentes
façons. Il se peut que les biens de la communauté soient
devenus insuffisants pour qu'il effectue ses reprises ou se
couvre des indemnités qui lui sont dues. Ils peuvent être
trop faibles pour lui permettre d'exercer les avantages que
lui confère son contrat de mariage (1). Enfin le paiement
de ces dettes a apporté certainement dans la masse de la
communauté une diminution, qui, sans préjudicier peut-
être aux indemnités ou reprises auxquelles il avait droit,
a réduit son émolument.

Quant à cette dernière cause d'indemnité, il faut
distinguer entre le mari et la femme.

La femme, si elle croyait devoir refuser la communauté à cause de son mauvais état, ne serait pas admise à
dire que les dettes du mari lui ont préjudicié (2). Par sa
renonciation, elle a perdu toute espèce de droit sur la
communauté, et elle est devenue étrangère à ses dettes ;
que lui importe qu'elle en soit plus ou moins grevée. On
verra ci-dessous que nous lui réservons pourtant ce droit
pour se faire indemniser, lorsqu'elle a contracté une dette
lui donnant un recours contre son mari. Si elle acceptait,
il ne faut pas croire qu'il y aurait toujours préjudice pour
elle et partant indemnité. D'après l'article 1483, elle n'est
pas tenue des dettes de communauté au delà de son émo-

(1) Lebrun, L. II, ch. III, s. III, n° 41.
(2) Lebrun, L. II, ch. III, s. III, n° 42.

lument, si elle a fait inventaire ; elle n'aurait donc de recours que si la communauté, déduction faite de ces dettes, eût présenté un avantage.

Le mari ne peut renoncer à la communauté ni opposer le bénéfice d'émolument. Il éprouve toujours un préjudice si la communauté est grevée de dettes consenties par la femme avant son mariage ; il peut donc toujours se faire indemniser.

80. Cette dernière cause de préjudice n'était généralement pas prise en considération par notre ancien droit. Pothier dit que la question était controversée, et cite Renusson comme étendant jusque-là l'effet de la clause. Cet auteur (1) lui attribue principalement et avant tout cet effet. Cette déclaration est faite, dit-il, « pour empêcher que la communauté ne soit chargée d'aucune dette du mari d'auparavant le mariage... et si elles avaient été acquittées en tout ou partie, aux dépens de la communauté, le mari en doit récompense à sa femme ». Lebrun, au contraire, lui refusait cet effet: « car l'intention de l'ascendant n'a pas été de garantir aux futurs conjoints une communauté plus ou moins opulente, mais seulement la dot, le douaire, le préciput, les donations si aucunes il y a » (2). Pothier adopte, contrairement à son habitude, l'opinion de Lebrun, comme étant la plus suivie par l'usage (3). Cette solution tenait à cette idée que la clause de franc et quitte, où les futurs époux n'avaient pas été parties, était une *convention* n'appartenant pas véritablement

(1) Renusson, comm. I, XI, n° 36.
(2) Lebrun *loc. citat.*
(3) Pothier n° 366.

à la matière de la communauté (1), mais plutôt une obligation distincte consentie par un ascendant dans le contrat de son descendant, obligation qui ne créait une garantie que pour les créances nées de ce contrat.

Faut-il encore aujourd'hui renfermer dans ces limites le dédommagement accordé à l'époux dont le conjoint a été déclaré franc et quitte. Nous ne le croyons pas admissible. Le code a abandonné complètement (2) cette théorie de l'ancien droit ; répudiant les principes, il a dû répudier les conséquences. La clause de franc et quitte est devenue une clause de séparation de dettes ; son but en est général, elle doit garantir contre tout préjudice qui résulterait de l'existence de dettes antérieures au mariage. Les auteurs du code ont rejeté la distinction de notre ancien droit, et en rédigeant l'article 1513, ayant sous les yeux Pothier et la controverse qu'il rapporte, ils ont employé à dessein une expression générale pour embrasser tous les cas. « Le conjoint a droit à une indemnité » dit cet article ; il doit l'avoir dans tous les cas où il éprouve un préjudice (3).

Pour mettre en lumière la différence pratique des résultats obtenus dans les deux systèmes, nous empruntons l'espèce suivante à MM. Rodière et Pont (4). « Un époux a été déclaré franc et quitte, et il avait cependant 20,000 francs de dettes antérieures au mariage. Cet époux n'a rien apporté dans la communauté, l'autre y a mis 10,000

(1) Pothier n° 350.
(2) Voir ci-dessus n° 74.
(3) Opinion universellement admise ; pourtant en sens contraire Battur.
(4) T. III, n° 1483.

francs, mais il les a stipulés propres ; la communauté vient à se dissoudre par le décès de l'époux déclaré franc et quitte, et elle présente un actif de 20,000 francs..... L'actif de la communauté doit donc être distribué par contribution entre les créanciers et l'époux survivant qui avait réalisé son apport (nous supposons qu'il n'y a pas de cause de préférence)..... il s'en suit qu'il ne devra prendre qu'un tiers de 20,000 francs formant tout l'actif, soit 6,666 fr. 66 c. Le résultat est donc que cet époux souffre préjudice : 1º de la somme de 5,000 francs qu'il aurait eue comme associé, si la déclaration de franc et quitte n'avait pas manqué d'exactitude ; et 2º de la somme de 3,333 fr. 33 c. prise en moins sur celle de 10,000 francs qu'il avait réalisée. » Notre ancien droit ne lui aurait accordé garantie que pour cette dernière somme ; sous le code civil les auteurs la lui donnent pour les deux.

Nous avons admis que l'article 1513 donnait le droit à une indemnité quelle que fût la nature du préjudice souffert. Nous rejetons donc l'opinion de Lebrun (1) qui exceptait le tort que souffrait le conjoint de l'époux garanti à l'occasion d'une créance qu'il avait contre lui pour indemnité des obligations qu'il avait contrac- tées dans son intérêt ou dans l'intérêt de la communauté.

Nous dirons avec Pothier (2) : « Les parents déclarant leur fils franc et quitte, s'obligent envers la femme *in id quanti ejus interest*, que son mari ait été tel qu'on le lui

(1) Communauté, L. III. ch. II, s. II, dist. VI, nº 19.
(2) nº 369.

a déclaré. Or l'intérêt qu'a la femme ne s'étend pas moins à son indemnité qu'à ses autres créances, ayant intérêt à ce que les dettes antérieures de son mari ne l'empêchent pas de trouver, dans les biens de son conjoint, de quoi se payer de ses créances d'indemnité aussi bien que des autres. » Lebrun disait, à l'appui de son opinion, que l'ascendant ne garantit pas contre les dettes postérieures au mariage. Sans doute, répondrons-nous, il ne devra pas garantir de ces dettes, s'il n'en existe aucune antérieure. Mais il devra répondre du préjudice que les dettes antérieures font subir au conjoint en l'empêchant d'être indemnisé des dettes postérieures. Lebrun objectait encore que c'était par sa faute que la femme souffrait. Pothier répondait avec succès que si elle s'était obligée, c'est qu'elle croyait pouvoir se faire indemniser, et que son préjudice provient uniquement de la fausse déclaration de ceux qui ont déclaré son mari franc de dettes. Enfin Lebrun se refusait à laisser *au pouvoir des conjoints* de ruiner l'ascendant. C'était une erreur, car si les conjoints peuvent contracter des dettes considérables, les parents du mari ne seront pas obligés d'indemniser la femme de toutes ces dettes, mais uniquement du préjudice que lui cause l'existence des dettes antérieures, c'est-à-dire jusqu'à concurrence des sommes enlevées par les créanciers d'avant le mariage (1).

81. Il faut bien remarquer que cette clause n'obligera celui qui l'a conclue à indemniser, *que du préjudice* résul-

---

(1) En ce sems Duranton, Troplong, Rodière et Pont.

tant des dettes antérieures ; uniquement de celui qu'on n'aurait pas souffert sans l'existence de ces dettes. C'est ce que met très bien en lumière l'espèce suivante que nous empruntons à M. Colmet de Santerre (1) : « Le mari déclaré franc et quitte, laisse un actif mobilier valant 10,000 francs, il n'a pas d'immeubles sur lesquels la femme puisse exercer son hypothèque légale, les créances de la femme, pour sa dot et ses conventions matrimoniales, s'élèvent à 40,000 francs. Le mari a en outre 40,000 francs de dettes postérieures au mariage et 20,000 francs de dettes antérieures. Dans la contribution où chacun n'a pu obtenir que 10 pour cent, puisque l'actif était de 10,000 francs et le passif de 100,000 francs, les créanciers antérieurs au mariage ont été colloqués pour 2,000 francs. Leur présence a donc causé à la femme un préjudice de 1,000 francs ; car si ces dettes n'avaient pas existé, les 10,000 francs d'actif auraient été partagés également entre la femme, créancière de 40,000 francs, et les autres créanciers dont les droits s'élevaient au même chiffre. La femme aurait touché 5,000 francs au lieu de 4,000. L'indemnité qu'elle demande, en vertu de la clause de franc et quitte, ne peut pas dépasser le tort qu'elle a éprouvé par le fait de l'existence des dettes ; elle ne pourra donc demander au déclarant que 1,000 francs. »

82. On voit, par cet exemple, qu'il importe de distinguer cette clause de deux autres qui offrent, à première vue, une certaine analogie avec elle.

_____

(1) Cours analytique, t. 6, n° 179 bis, XII.

Les parents d'un des conjoints ont pu promettre de payer ses dettes antérieures au mariage et de l'en acquitter. Ils sont, dans ce cas, obligés non seulement envers l'autre conjoint mais aussi envers leur enfant. Que la communauté soit bonne ou mauvaise, ils sont tenus de remplir leur promesse, soit pendant le mariage, soit après, sans avoir jamais droit à aucun recours (1).

Les parents du mari ont pu se rendre caution, envers la femme, de la restitution de sa dot et de ses conventions matrimoniales ; il en résultera pour eux l'obligation de désintéresser la femme de tout ce dont elle n'aurait pu être payée, par suite de dettes antérieures ou même postérieures au mariage.

83. Nous sommes fixé sur l'étendue des effets de la clause de franc et quitte ; il nous faut voir très rapidement le mode suivant lequel le conjoint lésé exercera son recours, et l'époque à laquelle s'ouvrira son action. Pour cela, il nous faut distinguer entre le cas où la déclaration de franc et quitte a été faite par l'époux qu'elle concernait seul et celui où elle est l'œuvre d'un tiers.

Dans le premier cas, ce recours en indemnité ne pourrait s'exercer durant la communauté, même sur la nue propriété des propres de celui qui s'est faussement déclaré exempt de dettes. Il était impossible, sans troubler l'union des époux, de leur donner des actions l'un contre l'autre. Aussi le législateur a-t-il toujours reculé, à l'époque de la dissolution, ces recours et ces récompenses qui naissent

(1) Pothier n° 377.

inévitablement de la co-existence de deux patrimoines. Cette considération qui s'applique avec une égale force aux recours des deux époux, les a fait proscrire aussi bien du chef du mari que de celui de la femme. A la dissolution de la communauté, les époux se devront indemnité, et cette indemnité se prendra, tant sur leurs biens personnels que sur leur part de communauté (article 1513).

Au deuxième cas, celui où la garantie a été faite par un tiers, nous avons vu qu'on n'avait contre lui qu'un recours subsidiaire, comme on l'aurait contre une caution qui aurait fortifié l'engagement pris par l'époux. On serait donc porté à croire que le recours ne pourrait jamais être exercé contre lui que lorsqu'il pourrait l'être contre le conjoint, débiteur principal. Ce raisonnement est repoussé par la loi. L'article 1513 distingue de nouveau si la dette est née du chef du mari ou de celui de la femme.

Si c'est la femme qui doit recourir, à raison d'une dette survenue du chef de son mari, elle ne le peut qu'après la dissolution de la communauté. Jusque là, en effet, il est incertain que le mari, débiteur principal, n'ait pas de quoi l'indemniser.

Ce motif a fléchi devant un autre, si c'est le mari qui demande garantie du préjudice que lui causent les dettes de sa femme. La loi a pensé que le chef de la communauté, dans l'intérêt de son administration, devait avoir toutes les ressources sur lesquelles la déclaration de la femme et de ses parents lui permettait de compter, et elle lui a immédiatement ouvert son recours contre les garants.

DEUXIÈME PARTIE

Clauses étendant, quant au passif, les effets de la communauté légale.

GÉNÉRALITÉS.

84. « Nuptiæ sunt conjunctio maris et feminæ, consortium omnis vitæ, divini et humani juris communicatio. » Le mariage, c'est l'union de l'homme et de la femme, c'est le sort commun de la vie entière, c'est la communication du droit divin et du droit humain (1). Comme l'exprime encore mieux la définition chrétienne : le mariage c'est la communication de tout son être « Duo in carne una, ubi et una caro, unus spiritus (2). »

A la lumière de ces définitions, on comprendra que le régime le plus conforme à la fin du mariage, le plus apte à y entretenir la paix et la confiance entre les époux, serait celui qui soumettrait leurs biens à cette communauté qui réunit déjà leurs désirs, leurs craintes, leurs pensées, au point que chacun vit plus pour son conjoint que pour lui-même,

---

(1) Modestin, D, L. 1, de ritu nuptiarum.
(2) Tertullien.

« anima plus vivit ubi amat quam ubi animat (1) ». Plusieurs peuples l'ont compris, notamment celui de l'Inde. Chez lui tout était commun aux époux car « celui qui laisse sa femme vivante, se survit d'une moitié. Comment un autre prendrait-il la propriété, quand une moitié du propriétaire est encore en vie (2) ». C'était aussi la disposition des *Assisses de Jérusalem* : « s'il avient que uns hons ait conquis éritage, ou autre aver, avant qu'il preigne feme, et puis prent feme, et avient par la volonté de nostre Seigneur que il chiet malade et meurt sans devise qu'il face de nule riens, la raison commande et juge que tout can que il avet, doit estre de sa femme par dreit, encore seit ce que celuy qui est mort ait père et mère, et fils et filles, et seur et frères ; car ce dit la lei et l'assisse dou reaume de Jésusalem que nus hom n'est si dreit heir au mort come est sa feme espouse (3) ». Tel aurait été aussi l'esprit des vieux coutumiers allemands, surtout au XVI° siècle, ainsi qu'il résulte de ces passages : « Le mari et la femme sont un corps et une vie ; ils ne peuvent avoir aucun bien dédoublé ». — « Quand la même couverture est étendue sur eux, l'homme et la femme sont également riches (4) ». Tel aurait été enfin l'usage de l'ancienne Auvergne et tel serait encore, de nos jours, celui de la Hollande (5).

85. Lors de la discussion du code civil, M. Bérenger proposa de faire de la communauté universelle le régime

(1) Cité par Michelet, Origines du droit français, p. XVII.
(2) Michelet, Origines du droit français, d'après le *Digest of indou law*.
(3) Cour des Bourgeois, Ch. CLXXXVI.
(4) Auteurs allemands cités par Wolowsky.
(5) Troplong comm. t. III n° 2186 et 2188.

de droit commun. Faut-il, avec quelques auteurs (1), regretter que sa proposition n'ait pas été adoptée. Nous ne le croyons pas. Quand les usages ne sont pas une violation de la loi morale, le législateur a moins à les corriger qu'à les sanctionner. Et la communauté universelle, si belle qu'elle doive paraître aux futurs époux, n'a jamais été le régime commun de la France. Dans l'ancien droit, quoique autorisée, elle était peu employée (2). Elle n'est pas davantage dans nos mœurs aujourd'hui.

Les parties ont plus souvent le désir de restreindre les effets de la communauté légale que celui de les élargir. Aussi les clauses d'**ameublissement** à titre universel ou particulier nous offriront bien peu de décisions de jurisprudence. Elles présentent du reste, au point de vue théorique, d'intéressantes difficultés.

CHAPITRE I.

Clauses produisant cet effet, même à l'égard des créanciers.

SECTION PREMIÈRE.

COMMUNAUTÉ DE TOUS BIENS.

86.   Sous ce régime et en vertu de l'idée que les dettes suivent les biens, toutes les dettes des deux époux tombe-

---

(1) Zachariæ t. III, p. 383 (édition d'Aubry et Rau), Odier, Wolowsky, (revue 1846).

(2) Pothier 304, Ferrières sur la coutume de Paris, art. 220, § 2, n° 4.

ront en général en communauté, tant dans les rapports des époux entre eux qu'à l'égard des créanciers.

87. Il y a lieu cependant de faire à cette règle deux restrictions.

La disposition de l'article 1410, qui décharge la communauté des dettes de la femme, n'ayant pas date certaine, s'appliquera à la communauté universelle, puisqu'il y a les mêmes motifs. Les créanciers de la femme antérieurs au mariage ne deviendront donc pas créanciers de la communauté ; ils devront, pour exercer leurs droits attendre la dissolution ; car la ressource que la loi leur laisse, le droit d'agir sur la nue propriété des propres de leur débitrice sera vaine, celle-ci en général n'ayant pas de propres.

Certaines dettes, par leur nature spéciale ou par l'effet d'une convention, sont exclues du passif de la communauté légale et le seront également de celui de la communauté universelle. Ce seront :

1o Les amendes encourues par la femme par application de l'article 1424. Il en était de même, jusqu'à l'abolition de la mort civile, des amendes encourues par le mari, pour condamnation emportant mort civile. Il ne faut pas s'étonner de voir des créanciers très favorables privés de toute action par des conventions matrimoniales de leur débitrice. En fait, il en sera souvent de même dans le cas de communauté légale, car très souvent les époux n'auront pas de propres.

2o Les obligations, qui, sous la communauté légale, resteraient propres aux époux, en vertu des articles 1438 et 1439.

3° Les dettes qui grèvent une donation ou un legs fait à l'un des époux, sous la condition que les biens leur resteront propres. Ce n'est pas douteux quand la libéralité ainsi exclue de la communauté est à titre universel. Que déciderions-nous si elle était à titre particulier et grevée d'une charge par une disposition expresse du donateur ou du testateur? Nous la laisserions peser sur la communauté parce que les charges grèvent l'universalité des biens et non les objets envisagés à raison de leur origine.

4° Les dettes des successions ou donations recueillies par la femme avec l'autorisation de justice. Mais les créanciers de ces successions ou donations pourraient poursuivre la communauté, s'il y avait confusion des patrimoines (1416). Pour se mettre à l'abri, le mari n'aurait qu'à faire dresser un inventaire des meubles et un état des immeubles.

SECTION DEUXIÈME.

COMMUNAUTÉ DE TOUS BIENS PRÉSENTS.

88. Lorsque les époux stipulent une communauté de tous les biens présents, le passif de cette communauté comprend certainement toutes les dettes qu'avaient les deux conjoints antérieurement au mariage. Nous n'avons pas à voir quelles sont les dettes antérieures au mariage, nous renvoyons à ce que nous avons dit sous la clause de séparation de dettes. Nous rappelons seulement que dans la

communauté universelle l'article 1410 est applicable à toutes les dettes, aussi bien aux immobilières qu'aux mobilières.

89. Il est difficile de dire *a priori* quel sera le sort des dettes des successions et donations mobilières qui adviendront aux époux. Elles suivront sans doute le sort du mobilier qu'elles grèvent. Mais il est assez délicat de déclarer si le mobilier futur sera tacitement réalisé ou s'il tombera en communauté. On s'accorde bien à reconnaître que c'est une question d'intention à interpréter suivant les termes du contrat; mais on ne s'accorde pas sur le sens à reconnaître aux expressions les plus employées. Dans le cas où on aurait usé des expressions même de la loi et stipulé une *communauté de tous biens présents*, Duranton voit là une réalisation du mobilier futur : *qui dicit de uno, negat de altero*; les époux « se bornent à établir une communauté *de leurs biens présents*, c'est uniquement de ces biens qu'ils déclarent composer cette communauté, elle ne comprend donc pas autre chose que ce qui est exprimé ». Il en serait différemment si les époux avaient déclaré mettre dans la communauté tous leurs biens présents, parce qu'alors ils ont adopté comme base la communauté légale, en se bornant à la modifier quant aux immeubles présents sans parler du mobilier futur.

Nous rejetons ces distinctions qui nous paraissent de véritables subtilités. A moins que les époux n'aient manifesté clairement leur volonté de réaliser, par exemple en disant qu'ils apportent en communauté *uniquement* leurs biens présents, nous suivrions les règles de la communauté légale. La clause n'a dérogé formellement que quant aux immeubles présents qu'elle fait entrer en communauté; pour tout le reste, il faut appliquer le droit commun (art. 1528) (1).

SECTION TROISIÈME.

COMMUNAUTÉ DE BIENS A VENIR.

90. Cette clause très peu usitée aura cet effet de faire évidemment entrer dans le passif de la communauté les dettes dont seront chargées les successions et donations qui adviendront au cours de la communauté. Quant aux dettes mobilières présentes des deux époux, il se représentera la difficulté que nous venons de voir ci-dessus. Elles seront communes ou propres, suivant qu'on décidera que le mobilier présent sera laissé sous le droit commun ou implicitement réalisé. Ce sera une question d'interprétation assez délicate. Comme au cas de communauté de biens présents, nous n'écarterons l'application du droit commun que si les époux en ont manifesté nettement la volonté.

(1) En ce sens Rodière et Pont et Laurent.

CHAPITRE II.

Clause produisant cet effet uniquement entre les époux.

SECTION PREMIÈRE.

DE L'AMEUBLISSEMENT DÉTERMINÉ.

91. Stipuler l'ameublissement d'un immeuble, c'est supposer à cet immeuble la qualité de meuble afin de le faire tomber en communauté, par une dérogation au droit commun, suivant lequel il en aurait été exclu. C'est ce qu'exprime l'article 1505.

92. La clause d'ameublissement était jadis très usitée, parce que les immeubles qui formaient presque tout l'avoir des époux n'entrant pas en communauté, il fallait y recourir pour constituer un patrimoine commun qui offrît au mari des ressources pour son administration (1).

Aujourd'hui, que les fortunes sont en grande partie mobilières, les époux sentent plutôt le besoin de restreindre la communauté légale que d'en élargir les limites. Mais la clause d'ameublissement leur offre encore cet avantage de rétablir entre eux l'égalité des apports. Et ce but sera d'autant plus facilement atteint que l'ameublissement

(1) Ferrières sous art. 220 de Paris.

peut être unilatéral ou stipulé dans des proportions différentes.

93. La clause d'ameublissement constituant une dérogation au droit commun est de droit étroit. D'où ces deux conséquences incontestées. D'abord la convention d'ameublissement n'existe qu'à la condition d'être stipulée. Ce n'est pas évidemment qu'il faille l'adopter en termes sacramentels, mais il est nécessaire de s'y soumettre d'une façon non équivoque; toute ambiguité s'interprétant contre l'existence de la clause (1). De même, la clause d'ameublissement doit, comme celle de communauté universelle, être comprise restrictivement et ne pas être étendue aux immeubles autres que ceux visés par les parties.

94. Il y a diverses espèces d'ameublissement qu'il importe de distinguer, parce qu'ils produisent des effets très différents. Pothier (2), rangeant dans un ordre méthodique les diverses clauses prévues par nos anciens auteurs, distinguait l'ameublissement général et l'ameublissement particulier.

Il y a, dit-il, ameublissement général lorsqu'on apporte à la communauté l'universalité des immeubles présents, ou qu'on convient que les successions qui adviendront au cours du mariage seront communes.

Au contraire, continue Pothier, il est particulier lorsqu'une partie promet de mettre en communauté tel ou tel immeuble ou tous ses immeubles jusqu'à concurrence

(1) Cassat. 14 novembre 1855 (Berton c. Berton).
(2) n° 304 et 305.

d'une certaine somme. A première vue, ce dernier cas pourrait paraître un ameublissement général, puisqu'il porte sur tous les immeubles. Il n'en est rien; dire qu'on ameublit tous ses immeubles jusqu'à concurrence d'une somme, revient à dire qu'on met en communauté une somme de... à prendre sur tous les immeubles, et évidemment la mise en communauté d'une somme n'est pas un apport à titre universel. Le code, dans notre section III, ne s'occupe que de l'ameublissement particulier; c'est dans la section VIII, sous le titre de communauté universelle, qu'il a traité de l'ameublissement général. Nous ferons comme lui, et pour tout ce qui concerne l'ameublissement général, nous renverrons à ce que nous venons de dire ci-dessus du passif des diverses communautés universelles.

En prenant l'ameublissement de la manière dont il est stipulé, la loi distingue deux sortes d'ameublissements particuliers. C'est la classification qu'elle donne dans l'article 1506. L'ameublissement peut être déterminé ou indéterminé. « Il est déterminé quand l'époux a déclaré ameublir et mettre en communauté un tel immeuble en tout ou jusqu'à concurrence d'une certaine somme. Il est indéterminé quand l'époux a simplement déclaré apporter en communauté ses immeubles, jusqu'à concurrence d'une certaine somme. »

En face de cet article bien formel, la doctrine s'est livrée à des interprétations qui ne sont que des corrections de la loi. Qu'on critique ou qu'on approuve cette classification, c'est là une discussion à laquelle nous n'avons pas le loisir de prendre part. Mais qu'on veuille la corriger, c'est-à-dire réformer la loi, c'est ce qui nous paraît excéder les droits d'un interprète. Il ne rentre pas dans notre plan de discuter les motifs qu'on a allégués pour justifier cette tentative. Nous ne voulons qu'indiquer le sens que nous donnons aux mots « *ameublissement déterminé ; ameublissement indéterminé* » et nous nous occupons de suite de rechercher si la clause d'ameublissement déterminé aura sur le passif de la communauté une influence quelconque.

95. A cette question on répond en général négativement. Cette clause, dit-on, ne déroge pas aux principes de la communauté légale sur ce point. Ce sont des immeubles déterminés qui entrent en communauté ; les dettes ne grèvent pas les objets particuliers, elles sont une charge de l'universalité du patrimoine. Les dettes immobilières des époux leur resteront donc propres, comme sous la communauté légale. Du reste l'existence de ces dettes constitue une véritable éviction dont l'époux doit être garant. C'est du moins l'opinion à laquelle Pothier (1) s'était rangé et qui a été adoptée par presque tous les auteurs. Car le contrat de mariage est un contrat à titre onéreux, et on ne saurait soutenir avec succès que l'ameublissement contienne une libéralité. Au contraire il faut y voir une clause d'un acte d'association, et par conséquent une obligation de garantie.

Nous admettons ces solutions, mais elles ne nous empêchent pas de soutenir qu'il y a une différence entre le

(1) n° 311.

passif d'une communauté soumise au droit commun, et celui de la communauté à laquelle s'ajouterait une clause d'ameublissement. Nous croyons que, dans ce dernier cas, la communauté ne pourrait pas demander récompense de dettes *mobilières relatives à des propres*. Cette différence est très contestée, nous allons chercher à l'établir.

96. En règle générale, toutes les dettes mobilières tombent en communauté, quelle que soit leur origine. Si, par une exception très équitable, la communauté a droit à une récompense pour celles relatives aux biens propres, cette exception est établie par un texte : l'article 1409, 1er aliéna, *in fine*. Les époux recueilleront la plus value que procureront ces dépenses; ils doivent en indemniser la communauté. C'est l'application du principe que les époux ne doivent pas s'enrichir aux dépens l'un de l'autre. Mais ce motif manque absolument dans notre cas ; s'il y a une plus value, c'est la communauté qui en profitera, puisque c'est elle qui est propriétaire des immeubles. Le texte manque également, puisque l'article 1409 ne parle que des dettes relatives à des immeubles propres, et qu'ici (nous le verrons) les immeubles ameublis ne sont plus la propriété des époux.

On nous objecte que le conjoint, débiteur des dettes relatives à l'immeuble ameubli, se trouve tenu d'indemniser la communauté de l'éviction qu'elle a subie par le fait de l'existence de ces dettes. A cette objection nous répondrons qu'il n'en est rien. Il faut, en effet, distinguer en la communauté deux qualités différentes ! Comme acquéreur à titre particulier du conjoint qui possédait l'immeuble elle succède à sa propriété ; et comme ayant acquis tout le mobilier des époux, elle est débitrice des dettes mobilières qui grevaient les conjoints. Si elle payait en la première qualité, elle pourrait dire qu'il y a éviction et réclamer une indemnité ; en la seconde, au contraire, elle ne peut rien réclamer, pas plus qu'elle ne le pourrait pour toute autre dette de l'époux débiteur. Avec l'idée d'indemnité pour l'éviction, il faudrait dire que l'époux doit récompense de toutes les dettes, quelle que soit leur cause, dont le paiement est poursuivi sur l'immeuble ameubli.

La constitution d'une hypothèque, pour garantie d'une dette de ce genre, ne l'empêchant pas de conserver sa nature, ne modifierait pas notre solution (1).

97. Quels seront les droits des créanciers sur les immeubles ameublis. Il faut, pour répondre à cette question, distinguer l'ameublissement déterminé de la première espèce, qui met les immeubles pour le tout dans la communauté de l'ameublissement de la seconde espèce, où les immeubles ne sont ameublis que jusqu'à concurrence d'une certaine somme.

98. Dans le premier cas, pas de difficulté, l'article 1507 nous donne lui-même la réponse. « Lorsque l'immeuble ou les immeubles de la femme sont ameublis en totalité, le mari en peut disposer comme des autres effets de la communauté et les aliéner en totalité ». Donc les créanciers de la communauté auront sur eux les mêmes droits que sur les autres biens communs.

(1) En ce sens : Zachariæ, Aubry et Rau, Colmet de Santerre, Laurent. En sens contraire : Odier, Troplong, Rodière et Pont.

99. Au contraire, s'il s'agit de l'ameublissement de la deuxième espèce, la question est plus délicate. Elle dépend du parti qu'on prendra sur une qustion difficile et controversée, celle de savoir à qui appartient la propriété des immeubles ameublis. Dans un système très répandu, elle reste aux époux, et la communauté n'acquiert qu'une créance (1) qui aurait pour gage l'immeuble ameubli.

Nous croyons, au contraire, que la propriété en passe à la communauté. Cette doctrine nous paraît être indiquée par la loi elle-même, et résulter du rapprochement de ses diverses dispositions. C'est d'abord l'article 1506 qui définit les deux espèces d'ameublissement déterminé et les place tous deux sur la même ligne. Puis vient l'article 1507 qui détermine l'effet de l'ameublissement déterminé, évidemment tel qu'il vient d'être défini par l'article 1506. Voici sa décision : « L'effet de l'ameublissement déterminé est de rendre l'immeuble ou les immeubles qui en sont frappés, biens de la communauté comme les meubles mêmes ». Cette disposition est générale, elle embrasse les deux cas et elle est encore corroborée *a contrario* par l'article 1508 qui déclare que l'ameublissement indéterminé ne rend pas la communauté propriétaire.

Toute la différence entre les deux espèces d'ameublissement déterminé, c'est que dans la première, la communauté est propriétaire exclusive de l'immeuble, tandis que dans la deuxième elle n'est propriétaire que pour partie, placée dans l'indivision avec le conjoint qui a fait l'ameublis-

_____

(1) En ce sens Toullier, Duranton, Aubry et Rau, Marcadé.

sement. L'article 1506 « a décidé, en donnant la qualité de déterminée à une portion déterminable d'un immeuble désigné, que c'était la portion même de l'immeuble, et non la
somme pour laquelle il avait été ameubli, qui entrait en
communauté, que l'héritage ameubli jusqu'à concurrence
de 20.000 francs, l'est pour un tiers s'il en vaut soixante,
pour moitié s'il en vaut quarante ; que cette interprétation
resulte de l'article 1507, qui, en parlant de l'héritage
ameubli jusqu'à concurrence d'une certaine somme, porte
que le mari peut hypothéquer jusqu'à concurrence de la
portion ameublie, au lieu de dire de la somme pour
laquelle il a été ameubli » (1).

100.   La communauté étant co-propriétaire par indivis,
son chef, le mari, devrait avoir le droit d'aliéner sa part
indivise, car c'est le droit commun des communistes. Il en
est différemment. Aux termes de l'article 1507, le mari
peut hypothéquer l'immeuble jusqu'à concurrence de la
portion ameublie, sans le consentement de sa femme. *A
contrario* il ne peut l'aliéner. Pourquoi ? Afin de faciliter à
la femme l'exercice de l'article 1509.

101.   Nous croyons que cet article n'interdit que les
aliénations volontaires, et nous en voyons la preuve dans
ce qu'il autorise expressément l'hypothèque jusqu'à concurrence de la portion ameublie, c'est-à-dire dans la limite
du droit de la communauté et qu'ainsi on arrivera à
l'aliénation forcée. C'est pourquoi nous reconnaissons également aux créanciers, même chirographaires, de la commu-

_____

(1) Jugement du tribunal de Laon, du 5 janvier 1833, cité par Rodière
et Pont (t. 3, p. 37).

nauté le droit de saisir la portion jusqu'à laquelle ces
biens ont été ameublis. C'est une application directe de
l'article 2092, application que ne peut empêcher par la
restriction contenue dans l'article 1507, dernier alinéa (1).

Ce droit de saisir, pourront-ils en user de suite ou
devront-ils attendre pour l'exercer que la communauté soit
dissoute? C'est encore une question discutée. Pour nous,
nous les obligerions à attendre la dissolution, par analogie
avec l'article 2205 (2).

(1) Rodière et Pont n° 1407, Delvincourt édition de 1824, Troplong,
Laurent.
(2) Pour l'ameublissement indéterminé voir IV° partie, section II.

TROISIÈME PARTIE

Clauses modifiant les règles de la communauté légale, quant au partage du passif.

GÉNÉRALITÉS.

102. En matière de société, en l'absence de conventions contraires, la part de chacun des associés est en proportion de sa mise dans le fonds social (art. 1853). Ce principe n'a pas et ne devait pas avoir d'application à la société conjugale. Par sa nature et sa composition, cette société est soumise à des éventualités telles que celui qui, à l'origine, avait mis le moins dans le fonds social, sera peut-être celui qui, grâce à son travail, ses gains, les successions qui lui adviendront, aura le plus contribué à sa fortune ; comme celui qui a fait l'apport le plus considérable, sera peut-être celui aux besoins et aux charges duquel elle devra sa misère. Aussi dans l'impossibilité d'apprécier et d'évaluer par une présomption légale ces chances de gain

et de perte, la loi a-t-elle décidé que l'actif et le passif de la communauté se partageraient par moitié.

Mais cette égalité, la loi ne l'a pas établie que par l'impossibilité de fixer *a priori* une proportion plus équitable. Elle peut être choquante et apparaître telle aux époux, dès leur entrée en société. Aussi la loi leur permet expressément de la modifier et de se rapprocher ainsi de la véritable égalité. C'est l'objet de l'article 1520. « Les époux peuvent déroger au partage égal établi par la loi, soit en ne donnant à l'époux survivant où à ses héritiers dans la communauté qu'une part moindre que la moitié, soit en ne lui donnant qu'une somme fixe pour tout droit de communauté, soit en stipulant que la communauté entière, en certains cas, appartiendra à l'époux survivant, ou à l'un deux seulement ». Ces modifications apportées par le contrat de mariage au droit commun, pourront avoir leur effet à l'égard des tiers, car les conventions matrimoniales ont toujours cette force. Ce sera une différence entre cette convention et celles qui interviendront au moment même du partage et qui ne seront valables que dans les rapports des époux l'un avec l'autre (art. 1490).

103. L'article 1520 n'a rien de limitatif, il indique trois modifications qui lui paraissent particulièrement utiles, il n'interdit pas aux futurs conjoints de régler de toute autre manière le partage de leur communauté.

La loi n'excepte qu'une seule disposition, celle qui attribuerait à l'un le profit et à l'autre la perte. C'est l'application des règles sur les sociétés et Lebrun en expliquait déjà nettement le motif : « toutes ces stipulations sont permises à cause qu'il y a des associés dont l'industrie domine et est préférable à toute sorte d'apports... Outre que dans le cas de ces clauses l'associé ou le conjoint qui semble désavantagé ne laisse pas d'aspirer à quelque émolument, au lieu qu'on ne pourrait pas dire qu'un des deux aurait tout le profit et l'autre toute la perte. Car cette société serait léonine » (1).

Nous n'avons pas à prévoir toutes les modifications que pourront introduire les conventions des parties ; nous nous bornerons à en faire connaître une dont l'interprétation a été portée jusqu'à la Chambre civile de la cour de cassation (2). Un contrat disait « que le survivant des époux sera et demeurera propriétaire de tout le mobilier qui composera la communauté ». L'arrêt a décidé qu'il y avait là, non pas un préciput, mais une attribution de parts inégales dans la communauté, impliquant obligation de supporter une part plus forte dans les dettes.

Nous allons maintenant voir successivement les clauses prévues par le code.

(1) Chap. II, s. VI, dist. I, n° 7.
(2) Rejet 20 janvier 1875 sur concl. conf. (Boutry c. Fontenille).

CHAPITRE I.

Clauses produisant cet effet, même à l'égard des créanciers.

SECTION PREMIÈRE.

DE L'ATTRIBUTION DE PARTS INÉGALES.

104. Quelle que soit l'importance respective de leurs apports, les futurs époux peuvent modifier, au profit de l'un d'eux ou de ses héritiers, les règles du partage. Ils peuvent faire cette convention soit purement, soit sous condition, par exemple sous la condition de survie. Ils peuvent stipuler cet avantage directement au profit de l'un d'eux, en déclarant qu'il aura droit à telle portion plus forte que la moitié, ou indirectement en n'attribuant à son conjoint qu'une part inférieure à celle que la loi lui donne.

105. Ces dérogations dans l'attribution de l'actif entraînent une dérogation correspondante dans la division du passif. En un mot, les époux prennent des parts proportionnelles dans l'actif et dans le passif. C'est une différence à signaler entre la clause qui nous occupe actuellement et celle de préciput qui, tout en attribuant à un des conjoints une plus grande part dans l'actif, lui laisse supporter le passif comme sous la communauté légale.

Mais les époux ne pourraient-ils pas déroger a cette règle et établir une proportion différente. Non, l'article 1521 prohibe cette dérogation. « La convention, dit-il, est nulle, si elle oblige l'époux ainsi réduit, ou ses héritiers, à supporter une plus forte part, ou si elle les dispense de supporter une part dans les dettes, égale à celles qu'ils prennent dans l'actif. »

106. Quels sont les motifs de cette prohibition empruntée à Pothier (1)? Si la clause avait entièrement dispensé un des époux de participer aux dettes, c'est une application de l'article 1855 (2e alinéa). Si elle ne faisait que de les lui faire supporter dans une proportion différente, la disposition paraît plus sévère et on se demande pourquoi on a dérogé à l'article 1855. C'est de crainte que cette clause ne permît aux époux de modifier leurs conventions matrimoniales au cours du mariage et ne laissât le mari avantager sa femme ou s'avantager lui-même à ses dépens. Ces fraudes seraient très faciles. Ainsi le mari, pour s'avantager à l'aide d'une clause qui n'attribuerait à la femme que le quart de l'actif et la moitié du passif, multiplierait ses acquisitions, sans les payer. Ces acquisitions, au contraire, avantageraient la femme s'il avait été convenu qu'elle n'aurait à payer qu'un quart des dettes, tout en prenant la moitié de l'actif.

107. Si la prohibition de l'article 1525 n'avait pas été respectée, quelle serait la conséquence de cette infraction ?

(1) n° 449.

La nullité. Nullité complète, non seulement de la clause relative au passif, mais de la convention toute entière. L'article 1525 est formel, il dit : « *La convention est nulle* » ; la convention dont il vient d'être parlé ; celle qui modifie le partage de l'actif. On l'a nié pourtant (1), mais cette opinion est restée à peu près isolée. Elle se heurte d'abord au texte si catégorique de notre article, et ses partisans le reconnaissent eux-mêmes. Ils invoquent ce qu'il y a de singulier à annuler ce qui est licite à cause de ce qui ne l'est pas. Pothier leur répondait par avance que la première partie de la convention est inséparable de la seconde, et qu'on ne peut les scinder, la femme n'ayant probablement consenti à la réduction de sa part de communauté à une fraction inférieure à la moitié, que parce qu'on la déchargeait d'une part plus considérable dans les dettes. La seconde partie de la convention est une condition de la première ; la nullité de la condition doit entraîner la nullité de l'obligation. C'est l'application de l'article 1172.

108. Les époux doivent donc supporter dans le passif une part rigoureusement proportionnelle à celle qu'ils prennent dans l'actif. Voyons-en rapidement les conséquences, tant au point de vue de la *contribution* qu'à celui de l'*obligation* aux dettes, l'article 1521 n'a pas en effet distingué ; son expression : « l'époux ainsi réduit ou ses héritiers ne *supportent* les dettes de la communauté que proportionnellement » est large et embrasse aussi bien les rapports avec les tiers que ceux des époux entre eux.

(1) Duranton, n° 206 ; Taullier.

Ces règles ne visent que les dettes dont les époux sont tenus comme associés ; elles laissent en dehors celles qu'ils ont contractées personnellement. Car celui qui s'oblige oblige tous ses biens pour garantir toute sa dette et son obligation ne peut rien perdre de sa force par l'effet de ses conventions matrimoniales. Aussi le mari sera-t-il toujours poursuivi *in infinitum* pour les dettes qu'il a contractées ou qu'il a autorisé sa femme à contracter. Il en sera de même de la femme, quant aux dettes entrées de son chef dans la communauté. Notre clause ne fera qu'élargir ou restreindre l'étendue du recours que l'époux qui a parlé à la dette pourrait avoir contre son conjoint.

SECTION DEUXIÈME.

DU FORFAIT DE COMMUNAUTÉ.

109. Une seconde manière de déroger au partage égal de la communauté, c'est la clause de *forfait* de communauté, par laquelle les futurs époux stipulent que l'un d'eux ou ses héritiers n'auront à prétendre qu'à une somme certaine pour tous droits de communauté. Cette convention a été appelée *forfait* de communauté parce que c'est ainsi qu'on appelle généralement les conventions par lesquelles une partie se soustrait à l'avance, moyennant un prix, aux chances heureuses ou malheureuses d'une opération. Ici il y a eu vente d'une communauté d'une valeur incertaine, moyennant un prix qui ne changera pas.

110. Le principe, en cette matière, est que le prix stipulé est dû à l'époux dont les droits ont été fixés à une certaine somme, quel que soit l'état de la communauté à la dissolution, et alors même que, après déduction des dettes, l'actif social ne suffirait pas pour l'acquitter. En effet, il s'agit ici d'un contrat aléatoire dont les résultats désavantageux ne sauraient autoriser le conjoint à s'en dégager sous prétexte que le pacte a été introduit en sa faveur. C'est ce qu'indiquent le mot *forfait* sur lequel la loi insiste et les termes de l'article 1522, « lorsqu'il est stipulé que l'époux ou ses héritiers ne pourront prétendre qu'une certaine somme pour tous droit de communauté ; la clause est *un forfait* qui oblige l'autre époux ou ses héritiers à payer la somme convenue, soit que la communauté soit bonne ou mauvaise, suffisante ou non, pour acquitter la somme. » Toutefois, il en serait autrement si le forfait n'avait été stipulé que comme une simple faculté, par exemple si l'on avait dit : Il sera loisible au mari de retenir toute la communauté en payant aux héritiers de la femme une somme de.... » ou bien si à la clause portant que la femme, par exemple, prendrait telle somme pour tout droit de communauté, on avait ajouté cette restriction : « si tant s'en trouve ». Dans le premier cas, il dépendrait du choix du mari d'admettre les héritiers de la femme au partage égal de la communauté ou de restreindre leurs droits à la somme promise ; dans le deuxième cas, la somme promise ne serait due que jusqu'à concurrence de ce qui se trouverait de biens dans la communauté. Ce ne serait plus là le forfait de communauté avec son caractère

aléatoire, mais une clause d'une autre sorte dont le principe de la liberté des conventions de mariage autorise pleinement l'adoption par les époux.

111. Le forfait de communauté, comme l'assignation de parts inégales, peut être stipulé à l'égard de l'un des époux indistinctement ou à l'égard de tel époux spécialement ; à l'égard de l'époux seulement, ou de l'époux et de ses héritiers, ou même de ses héritiers seulement. Il peut être stipulé purement et simplement, ou sous une ou plusieurs conditions, en vue du décès d'un des époux, ou en vue de toute dissolution de la communauté.

112. Voyons quels seront les effets de la clause par rapport au passif de communauté, et pour cela distinguons, avec l'article 1525, les deux hypothèses qui peuvent se présenter.

1. Le mari conserve l'actif commun.

Il est alors tenu de toutes les dettes de la communauté ; aussi bien de ce que la communauté devait aux tiers que de ce qu'elle pouvait devoir à la femme. Il les supportera sans recours. Il détient en effet l'universalité du patrimoine commun qui forme le gage des dettes. La situation du mari envers les créanciers, comme envers la femme, est identique à celle qu'il aurait eue en cas de renonciation de la femme (art. 1524, 1er alinéa). Celle-ci ne recueille qu'un objet particulier, elle ne doit pas supporter les dettes, autrement elle n'aurait pas, en réalité, l'indemnité stipulée pour sa renonciation à sa part dans les biens communs. Elle ne pourra pas même être poursuivie par les créanciers (2e aliéna), si ce n'est pour les obligations qu'elle a personnellement contractées et que la clause du forfait ne modifie pas. Celles-là, elle devra les acquitter, quitte à recourir contre le mari quand il y aura lieu. (art. 1494). Elle devra également indemniser son mari pour les dépenses extraordinaires faites sur ses propres et pour ses dettes, que la communauté aurait acquittées, si leur nature ou une clause de séparation de dettes les laissait à sa charge. (1).

Dans cet affranchissement de la femme des dettes communes, on ne saurait voir une contradiction avec une autre disposition du code, l'article 780, au titre de successions. D'après cet article, la renonciation a des droits successifs, moyennant un prix, emporte acceptation de la succession. Si, à la dissolution, les héritiers du mari versaient à la femme une certaine somme pour garder la communauté toute entière, nous appliquerions sans hésiter la disposition de l'article 780, qui est celle du droit romain. (D., de acq. vel omit. hæred., L. 2) et déclarerions la femme tenue pour moitié envers les créanciers. Mais la situation prévue par l'article 1524 est toute autre. C'est avant le mariage qu'il y a eu renonciation ; les parties ne dérogent pas après coup au régime établi, elles ont choisi un régime *sui generis*, et décidé qu'ils n'adoptaient la communauté qu'avec cette modification. Cette convention a la même force que toutes les conventions de mariage.

---

(1) Uniquement dans ces cas. *Secus* Odier. Son opinion est une exagération de l'idée de Troplong que rétroactivement il n'y a jamais de communauté. Pothier, sur lequel il s'appuie, lui donne tort (n° 455).

113. II. La femme a le droit de conserver toute la communauté.

Ici se présente, avec le cas précédent, une différence considérable qui résulte du droit de la femme de renoncer à la communauté, droit d'ordre public et dont elle ferait vainement l'abandon anticipé. C'est ce que le dernier paragraphe de l'article 1524 exprime en ces termes : « Si c'est la femme survivante qui a, moyennant une somme convenue, le droit de retenir toute la communauté contre les héritiers du mari, elle a le choix, ou de leur payer cette somme en demeurant obligée à toutes les dettes, ou de renoncer à la communauté, et d'en abandonner aux héritiers du mari les biens et les charges ». La renonciation de la femme l'affranchit de l'obligation de payer au mari la somme promise et produit, au surplus, les mêmes effets que sous le régime de la communauté légale.

Si la femme n'use pas de la faculté accordée par l'article 1453, c'est elle qui est chargée de toutes les dettes, parce que c'est elle qui a l'universalité des biens. Le mari ou ses héritiers ne viennent qu'à titre particulier et ne doivent rien supporter des charges communes. Il est clair que cette règle n'atteindra que les dettes dont ils sont chargés comme associés, et non celles qu'ils ont personnellement contractées. Les conventions matrimoniales, nous l'avons déjà vu souvent, n'enlèvent pas aux créanciers le débiteur en qui ils ont placé leur confiance. C'est ce que décident expressément les articles 1484 et 1485, pour le cas ou la femme accepte la communauté, et les motifs sont les mêmes dans notre hypothèse.

114. Dans ce dernier cas, s'élève une question très discutée entre les auteurs et qui mérite de l'être. La femme peut-elle, au cas d'acceptation, après avoir rempli toutes les formalités exigées, user de son bénéfice d'émolument, quant aux dettes qui ne lui sont pas personnelles ? Pour nous, nous pensons qu'elle n'a pas ce droit. Ce ne serait plus un forfait. Le mot *forfait* éveille l'idée de risques à courir, l'idée d'un contrat aléatoire ; il est juste que la femme qui a toutes les chances de gain, ait aussi celles de perte. Il serait difficile de transporter l'obligation de faire inventaire dans un régime qui exclut toute idée de partage, qui n'a sans doute été adopté que pour dispenser de ces formalités.

On oppose à ce système divers arguments dont nous ne méconnaissons pas la valeur. On prétend que la femme n'a pas renoncé au bénéfice d'émolument, en admettant, ce qu'on conteste, qu'elle puisse faire cette renonciation. Enfin on ne comprendrait pas, dit-on, pourquoi le législateur qui laisse la femme renoncer à la communauté après avoir stipulé un *forfait*, lui ôterait le bénéfice d'émolument. Ce bénéfice aurait son utilité, et ne ferait pas double emploi avec le droit de renoncer, parce que la femme peut n'apprendre l'existence des dettes qu'après son acceptation. Si l'article 1524 n'a pas parlé du bénéfice d'émolument, c'est qu'il ne constitue pas une troisième situation entre l'acceptation et la renonciation. Le bénéfice d'émolument ne suppose pas, en effet, une déclaration expresse, une option entre l'acceptation pure et simple et l'acceptation bénéficiaire, il est virtuellement attaché à l'acceptation elle-même (1).

Ces objections ne nous ont pas fait changer de sentiment. La femme nous paraît avoir absolument renoncé à son bénéfice d'émolument, en stipulant le forfait de communauté qui ne peut se concilier avec lui. Sans rechercher si la femme pourrait principalement, et par une clause spéciale, renoncer à ce bénéfice, il faut reconnaître qu'elle l'a pu dans notre cas. Elle a fait un contrat aléatoire, elle a recherché la chance d'un profit plus ou moins considérable, elle a pu, en vue de ce bénéfice, s'exposer à une chance de perte; car pour le bénéfice d'émolument nous n'avons pas une disposition analogue à celle de l'article 1453, interdisant formellement d'y renoncer; et cet article 1453 n'avait pas encore paru suffisant au législateur pour réserver, dans notre cas, à la femme, le droit de renoncer. Dans l'article 1524, il a spécialement autorisé la femme à renoncer, parce qu'il a craint qu'on ne fût amené par la nature de la clause de forfait, qui anéantit dans une certaine mesure l'idée de communauté, à refuser à la femme l'application de l'article 1453.

Quoi qu'on en ait dit, il n'est pas nécessaire d'offrir à la femme, à côté du droit de renoncer, l'avantage du bénéfice d'émolument. La loi a jugé que la renonciation était un remède suffisant, le remède essentiel, que le bénéfice d'émolument constituerait une faveur qui pourrait quelquefois sans doute être utile, mais non nécessaire. Si la communauté est mauvaise, la femme n'a qu'à renoncer;

(1) Zachariæ, Bellot des Minières, Aubry et Rau.

si elle est bonne, qu'à l'accepter, sans rien risquer. On nous objecte qu'il y aura peut-être des dettes que la femme n'aura pas connues. Alors elle a une certaine négligence à se reprocher, au moins en n'ayant pas apprécié les chances de rencontrer ces dettes. Faut-il, pour que le *forfait* ne puisse jamais lui nuire, lui sacrifier et les tiers et son mari qui ne lui a abandonné sa part dans la communauté qu'avec l'espoir d'être au moins déchargé de toutes les dettes. Il serait injuste de le forcer à supporter définitivement les dettes qu'il a contractées dans l'intérêt d'une communauté que sa femme détient tout entière. C'est ce qui arriverait si, à son recours contre elle, elle pouvait lui opposer le bénéfice d'émolument.

Enfin, notre solution, et c'est ce qui nous a surtout décidé, nous a paru résulter du texte de notre section. L'article 1522 pose en principe que le forfait est obligatoire pour les deux parties ; l'article 1524 applique ce principe au mari sans restriction, et à la femme sous la réserve d'une exception : le cas où elle renoncerait. Cette exception met en échec, et l'idée même de notre clause, et le principe fondamental de l'article 1134, à savoir que les conventions font la loi des parties. Elle ne saurait donc être étendue par interprétation, à défaut d'une indication précise de la loi. Et l'article loin de nous donner cet indice, nous fournit une invitation à prendre l'opinion contraire ; il dit que si la femme ne renonce pas, elle devra payer toutes les dettes de communauté (1).

(1) En ce sens, Odier, Marcadé, Troplong, Rodière et Pont, Colmet de Santerre, Laurent.

SECTION TROISIÈME.

DE L'ATTRIBUTION ÉVENTUELLE DE TOUTE LA COMMUNAUTÉ
A L'UN DES ÉPOUX.

115. On pourrait croire, au premier abord, que la
clause par laquelle les futurs époux conviennent que toute
la communauté appartiendra à l'un d'eux en cas de
survie, n'est pas simplement modificative, mais bien
exclusive de la communauté. Il n'en serait ainsi que de la
convention, valable d'ailleurs, par laquelle ils attribueraient
purement et simplement et sans aucune condition à l'un
d'eux les profits de leur société. Ce n'est pas là la clause
que l'article 1525 a en vue ; il règle l'attribution de la
communauté au profit de celui qui survivra ou de l'un des
deux époux déterminé s'il survit ; de sorte que chacun des
conjoints conserve un intérêt dans la société. Cet intérêt,
c'est l'espoir d'obtenir seul toute la communauté s'il survit,
d'en avoir la moitié pour ses héritiers, dans le cas contraire.

116. Cette clause diffère des deux précédentes en un
point très important. Il résulte de l'article 1525 que l'époux
privé de sa part dans la communauté et ses héritiers ont le
droit de reprendre tout ce qui y est entré de son chef, au
commencement de la communauté ou pendant sa durée (1).

(1) Douai 9 mai 1849 (Carpentier c. dame Carpentier). Toullier seul a
contesté le sens de l'article 1525 (T. XIII, n° 422).

Du reste rien n'empêcherait de stipuler le contraire (1).
Mais on admet généralement que la convention aurait alors
le caractère d'une libéralité (2). Il n'est pas dans notre
plan de faire voir quelles seraient les conséquences qui en
résulteraient. Il est intéressant de constater que l'époux ou
ses héritiers ne pourront pas, en vertu de cette convention,
exercer ses reprises à titre de co-propriétaire, mais toujours
conformément au droit commun, à titre de créancier et
en concours avec les autres créanciers (3).

117. Quels seront les effets de cette clause sur le
passif? Elle produira les mêmes effets que le *forfait* de
communauté, puisque la situation est la même. Aussi n'en
a-t-on jamais douté, quoique la loi ne s'en soit pas formellement expliqué. L'époux qui prendra la communauté
supportera toutes les dettes communes. Si cette attribution
de la communauté a été stipulée au profit de la femme, elle
pourra s'affranchir de cette charge en renonçant (art. 1453).
Pourra-t-elle la limiter au profit qu'elle tirera de la communauté, en usant de son bénéfice d'émolument? Les
motifs de douter sont les mêmes qu'au cas de forfait avec
celui-ci, outre que nous n'avons pas l'argument de texte
que nous fournissait l'article 1524. Pourtant, puisque la
situation est la même, nous donnerons la même décision.

118. Mais la reprise des apports qui est le droit commun aura une influence sur le règlement définitif du passif

(1) On cite en sens contraire Battur et Bellot des Minières.
(2) *Secus* Troplong n° 2181.
(3) Cassat. 9 avril 1862 (Administration de l'enregistrement c. Bizouard
Macaire.)

entre les époux. Elle constitue une sorte de réalisation à titre universel; elle doit en produire les effets. Malgré le silence de l'article 1525, nous déciderons donc qu'elle ne se fera qu'à la charge de supporter les dettes qui grevaient ces apports. C'est pourquoi les créanciers des époux avant le mariage et ceux des successions et donations qu'ils ont recueillies, qui durant la communauté pouvaient se faire payer comme créanciers communs, ne pourront, après la dissolution, rien demander qu'à l'époux qui était leur débiteur personnel. C'est pourquoi également si l'époux détenteur de la communauté payait une dette de son conjoint antérieure au mariage, ou une dette des successions et donations qu'il a recueillies durant le mariage, il pourrait s'en faire indemniser. La loi ne lui a permis de reprendre que ce qu'il a réellement apporté, or il n'y a d'apport que dettes déduites. *Non sunt bona nisi deducto œre alieno.*

CHAPITRE II.

Clause produisant cet effet uniquement entre les époux.

SECTION PREMIÈRE.

FACULTÉ DE REPRENDRE L'APPORT FRANC ET QUITTE.

119. D'après le droit commun, la femme qui renonce à la communauté perd tout droit sur les biens qu'elle y

avait apportés, et ne peut retirer que « les linges et hardes à son usage » (art. 1492). Cette disposition est très rigoureuse. Est-elle absolument juste? On l'a dit, car la chance de perte est compensée par la chance du gain qu'aurait eu la femme, si la communauté avait prospéré. C'est oublier que la mauvaise gestion de la communauté qui l'appauvrit considérablement, ou la ruine même, ne lui est pas imputable. Elle y a été étrangère, et ne doit pas souffrir des négligences de son mari. Aussi la loi a-t-elle permis aux époux de stipuler que la femme, en cas de renonciation, reprendrait tout ou partie de ce qu'elle avait apporté (art. 1514); et cette clause très favorable aux femmes est-elle d'un usage fréquent.

120. Elle constitue une dérogation, non seulement aux règles particulières des sociétés conjugales, mais à celles qui régissent toutes les sociétés. Elle fait exception à l'article 1855 qui interdit d'affranchir de la contribution aux pertes l'apport d'un associé. Aussi ne doit-elle pas être étendue au profit de personnes autres que celles expressément désignées, ni au profit des choses qui ne seraient pas formellement énoncées (article 1514).

121. La clause de reprise de l'apport franc et quitte aura une influence sur le règlement du passif entre les époux, mais n'en aura pas sur le droit de poursuite des créanciers.

122. Et d'abord, cette clause ne modifiera pas le droit de poursuite des créanciers. En effet, la femme a renoncé à la communauté, puisque c'est la condition de l'exercice de ce droit. Dans cette situation, sous la communauté

légale, elle serait déchargée au préjudice de son mari de tout le passif social, à l'exception de ses dettes, de celles où elle aurait parlé. Il en sera exactement de même dans notre cas; le fait par la femme d'avoir mis ses reprises à l'abri des actes de dispositions de son mari ne peut la décharger de ses engagements personnels (1).

123. Au contraire, dans les rapports des époux entre eux cette clause aura une certaine influence. C'est ce que décide l'article 1514 *in fine*, lorsqu'il dit que « dans tous les cas, les apports ne peuvent être repris que déduction faite des dettes personnelles à la femme, et que la communauté aurait acquittées. » C'est la consécration de l'opinion que Pothier (2) soutenait très vivement contre Lebrun. Ce dernier auteur décidait qu'à moins qu'on eût ajouté à la convention dont il s'agit une clause de séparation de dettes, le mari ne peut faire aucune déduction des dettes qui grevaient les apports de la femme. C'est avec vivacité que Pothier lui répond. Il déclare que sa manière de voir est *évidemment injuste*, car la femme ne peut reprendre que ce qu'elle a *effectivement* apporté. Or il n'y a d'apport effectif que déduction faite des dettes. C'est une décision très raisonnable, qui découle naturellement du principe si souvent rappelé que le passif suit l'actif.

Les dettes dont la femme devra subir la réduction seront : 1° Celles que, malgré sa renonciation, elle aurait dû acquitter au cas de communauté légale : les amendes prononcées contre elle, les sommes dépensées pour ses

(1) Caen 28 mai 1849. (Lerouge c. Boudeffre).
(2) n° 411.

propres etc ; 2° En vertu de l'article 1514, les dettes qui
grevaient les biens qu'elle a mis en communauté. Celles
qu'elle avait avant son mariage, si elle n'a stipulé la reprise
que de ces biens. Egalement celles des successions et donations qui lui sont advenues, si elle a étendu son droit de
reprise jusque là. On remarquera que nous n'ajoutons pas
toutes les dettes auxquelles elle s'est engagée avec l'autorisation de son mari ; elle pourrait en effet se faire indemniser, si, sur la poursuite des créanciers, elle payait une
dette de cette nature.

Nous restreindrons encore notre solution, au cas où la
communauté a reçu une universalité ; car si elle n'avait
recueilli que des objets déterminés elle n'aurait droit de
faire subir à la femme aucune réduction. Par exemple,
s'il était dit : *La future épouse, en cas de renonciation à la
communauté, reprendra la somme de 6,000 francs pour lui
tenir lieu de ce qu'elle y a apporté*, il n'est pas douteux que
la femme doit reprendre, sans aucune déduction, la
somme de 6,000 livres. C'est la solution de Pothier, admise
aujourd'hui par la généralité des auteurs. Et c'est la
solution qu'il faut accepter, puisque les dettes ne sont pas
une charge des biens en particulier, mais de l'universalité
du patrimoine (1). Nous ferions pourtant une réserve, pour
le cas ou l'on aurait agi ainsi pour, sous l'apparence de
l'apport d'objets déterminés, soustraire tout le patrimoine
de la femme à la charge de ses dettes. *Fraus omnia cor-
rumpit.*

(1) *Secus* M. Battur seul.

124. Lorsque la femme se présentera pour exercer le droit que lui confère l'article 1514, elle pourra se trouver en concours avec les créanciers du mari et de la communauté. A première vue, on serait tenté, d'après cet article, de décider qu'elle les exclura, car il dit qu'elle *reprendra* ce qu'elle a apporté, et semble bien indiquer qu'elle exerce son droit à titre de propriétaire. Il n'en est pas ainsi ; l'effet de la clause n'est pas de conserver à la femme la propriété de son apport ; autrement, elle n'apporterait rien. Ce mobilier tombe en communauté ; si le code ne s'est pas expliqué clairement sur ce point, cela résulte manifestement de l'idée du régime de communauté que les époux ont adopté, en n'y dérogeant que sur un point. Cela résulte surtout de la tradition attestée par Pothier et par Duplessis. Ce dernier auteur était bien formel : « Cette clause se conçoit en cette forme : *sera permis à la future de renoncer à la communauté et ce faisant reprendre franchement et quittement tout ce qu'elle aura apporté.* Ces mots *franchement et quittement* veulent dire que pour cette reprise, la femme ne doit rien des dettes de la communauté, ni à l'égard des créanciers, si ce n'est que la femme y eût parlé ; pour telle reprise elle a son hypothèque du jour du contrat de mariage, mais sur les meubles elle n'a que contribution (1) ». Pothier était aussi formel, et son opinion a un très grand poids. Il disait : « La reprise des effets mobiliers que la femme a apportés ou fait entrer en la communauté, ne se fait pas en nature ; le mari ou ses

(1) Duplessis, Cté, L. II, Ch. I, S. 2.

héritiers sont, pour cette reprise, lorsqu'il y a ouverture, débiteurs de la somme que lesdits effets valaient lorsque la femme les a apportés ou fait entrer en la communauté ; on suit, à cet égard, l'estimation qui en a été faite lorsque la femme les a apportés ou fait entrer en la communauté » (1). Si le code avait entendu déroger à l'opinion de Pothier qu'il suit ordinairement, il l'aurait manifesté. Il faut en conclure que l'apport de la femme est soumis à l'action des créanciers du mari et de la communauté ; et qu'il peut être frappé de saisie comme tous les autres biens communs.

Quand la Cour de Cassation admit que la femme, même renonçante, aurait ses reprises à titre de propriétaire, on reconnut le même droit à la femme qui reprenait ses apports (2). Mais depuis que la jurisprudence de la cour suprême s'est rangée à celle des cours d'appel, il est admis que la femme ne vient reprendre ses apports que comme créancière, quand même elle en aurait stipulé la reprise francs et quittes (3).

125. La femme, disons-nous, viendra comme créancière; aura-t-elle au moins un privilège ? C'est une opinion qui a été soutenue par ceux mêmes qui ne l'admettent pas au profit de la femme mariée sous la communauté légale. C'était, a-t-on dit, l'opinion très nette de Pothier pour le

(1) Comm. n° 407.

(2) Les arrêts qu'on cite en ce sens se réfèrent à des contrats contenant des stipulations particulières ; nous y reviendrons *infra*.

(3) Cassation 23 août 1859 (Chamozzie c. Dame de V.; Froment c. Morel.). Amiens 5 mai 1857 (Froment c. Morel).

cas où les biens existaient encore en nature : « La femme
ou les héritiers au profit desquels la reprise est ouverte, ont
seulement sur lesdits effets, qui se trouveraient en nature
lors de la dissolution de la communauté, un privilège sur
tous les autres créanciers du mari, pour le paiement de la
somme due pour la reprise » (1). C'est conforme à l'intention des parties qui ne voulaient pas laisser souffrir la femme
des dettes du mari. C'est l'unique moyen de donner un effet
à la clause, autrement elle ne produira jamais d'effet, puisqu'elle ne s'exercera qu'en cas de renonciation et que
cette renonciation suppose que la communauté est mauvaise, que les créanciers feront perdre à la femme le
bénéfice de sa stipulation. Enfin les créanciers ,connaissant
ou devant connaître les clauses qui régissent l'association
des époux, ne sont pas recevables à s'en plaindre. Ces motifs
ont déterminé la cour de Paris, qui le même jour refusait
ce droit à la femme, pour ses reprises en cas de communauté légale (2), et l'accordait en raison de notre clause (3).
Ils ne nous ont pas paru suffisants pour admettre une
telle dérogation au droit commun, et nous ne nous éton-
nons pas que la cour de Cassation ait cassé la décision de
la cour de Paris (4).

En effet la distinction que faisait Pothier entre les droits

(1) Loc. citat.
(2) 23 août 1855, (veuve Moinet c. Héret-Moinet).
(3) 23 août 1855 (veuve Follet c. de Vitry et autres).
(4) 23 août 1859 (Chamozi c. dame de V.).
Le même jour elle confirmait un arrêt de la cour d'Amiens rendu
en sens contraire à celui de la cour de Paris (Froment c. Morel).
Même sens Lyon 25 juillet 1856 (Bonnard c. Gouet).

de la femme sur les biens existant encore en nature et
ceux qui ne se retrouvent plus dans la communauté,
doit être rejetée, puisqu'elle n'a aucun fondement dans la
loi. Cette opinion de Pothier n'était pas, du reste, la doctrine générale de nos anciens auteurs. C'est ce que prouve
le passage de Duplessis que nous avons cité plus haut. On
fait erreur quand on allègue qu'alors la clause n'aura pas
d'utilité et que la femme se voit ainsi indirectement
amenée à contribuer aux dettes communes. La femme,
ne contribue pas aux dettes, mais créancière pour ses
reprises comme les autres le sont pour les obligations que
la communauté a contractées envers eux, elle subit, comme
eux, le préjudice résultant de l'insolvabilité de leur
débiteur commun. Et le profit qu'elle tire de la clause est
justement ce droit de créance qui lui vaut de venir concourir
avec eux, au lieu de recueillir ce qu'ils laisseront, comme
elle aurait fait en qualité de co-partageante. Du reste,
grâce à son hypothèque légale, elle se trouvera souvent
préférée aux créanciers ; mais c'est là la seule protection
que nous pouvons lui accorder puisque c'est la seule que
la loi lui donne. Il est impossible d'admettre un privilège
en l'absence d'une disposition législative ; les conventions
sont impuissantes à les créer (1).

126. Pour exercer ses reprises, la femme devra établir
son droit, et prouver que les biens qu'elle veut reprendre
elle les a bien réellement apportés. Comment devra-t-elle
faire cette preuve ? Sera-ce suivant les règles établies par

(1) Laurent n° 340 à 342.

les articles 1341 et suivants, ou conformément aux règles spéciales à notre titre, qu'on appliquera par analogie ?

On a déclaré (1) adopter sans hésitation cette dernière manière de voir, parce que toutes les dispositions du titre du contrat de mariage, se complètent les unes par les autres. On appliquerait donc l'article 1499 pour le mobilier apporté lors du mariage, et l'article 1504 pour celui échu au cours de la communauté. Mais on rejeterait l'application de la commune renommée comme une faveur qui ne saurait être étendue par analogie.

Nous n'admettons pas ce système et nous proposons de reconnaître que la femme, venant ici non pour exclure mais pour concourir avec les créanciers, doit être admise à prouver de toutes façons, sous la réserve d'avoir un titre avec date certaine, si le mari est en faillite (art. 563, code de commerce). Nous pouvons dire que cette théorie a été admise par un arrêt de la cour d'Angers. Tout en reconnaissant à la femme un droit de privilège dans les cas où nous ne lui avons refusé, elle a en effet déclaré que si la femme ne réclamait pas de privilège sur les créanciers, on devait lui appliquer les dispositions favorables de l'article 1504 et réserver les rigueurs de l'article 1499 pour le cas où elle voudrait primer les créanciers. C'est ce que nous avons établi en étudiant les clauses de réalisation.

Des stipulations particulières peuvent avoir modifié la convention de reprise. Trois surtout paraissent pouvoir se présenter.

(1) Laurent.

127. Ce sera la stipulation expresse par la femme qu'elle entend reprendre ses apports par préférence et privilège à tous les autres créanciers. Cette clause s'est trouvée insérée dans des contrats de mariage, par référence à la jurisprudence de la cour de cassation qui avait admis que la femme exerçait ses reprises à titre de propriétaire et par conséquent avant tous les créanciers. La cour suprême étant revenue sur sa jurisprudence, cette clause ne peut avoir d'effet; elle est nulle, puisque la loi seule peut créer des privilèges (1).

128. Souvent dans les contrats de mariage, il est dit qu'en cas de renonciation, la femme reprendra son apport franc et quitte de toutes les dettes de la communauté, bien qu'elle s'y soit obligée ou qu'elle y ait été condamnée. Cette clause n'est-elle pas opposable aux créanciers de la communauté, et n'a-t-elle pas pour effet de soumettre l'apport de la femme au régime dotal et de le frapper d'aliénabilité ? La question est très controversée, mais la stipulation accessoire que la reprise s'exercera, même avec franchise des dettes auxquelles la femme se serait obligée ou pour lesquelles elle aurait été condamnée, ne paraît pas assez positive pour rendre la clause opposable aux tiers, ni surtout pour imprimer le caractère de la dotalité à l'apport mobilier d'une femme mariée sous le régime de la communauté.

On pourrait objecter que, restreinte aux rapports des époux, cette clause est sans objet, puisqu'elle n'ajoute rien

(1) Aubry et Rau.

à la loi. Mais on peut répondre que cette clause était celle de l'ancienne pratique où elle n'était pas sans utilité. Sans doute la doctrine dominante et suivie était que la femme pouvait se faire indemniser de ces dettes au cas de renonciation (1) ; seulement, il pouvait y avoir quelques doutes sur le point de savoir si c'était pour la moitié ou pour le tout. Aussi Leprêtre estimait-il que pour avoir recours pour la totalité des dettes qu'elle avait contractées pour son mari, *le plus sûr était de le stipuler*. La formule de la pratique s'était formée pour repousser l'application de cette doctrine, à supposer qu'elle pût prévaloir. La stipulation a encore aujourd'hui, comme autrefois, l'avantage de mieux faire ressortir l'idée que la femme, non seulement reprendra son apport sans être tenue des dettes de la communauté contractées par le mari seul, mais même pourra réclamer de ce dernier une indemnité pour celles de ces dettes auxquelles elle se trouverait personnellement obligée.

D'ailleurs, lors même que la stipulation serait surabondante, on ne serait pas encore en droit de l'interpréter au détriment des tiers qui, voyant les époux mariés sous le régime de communauté, ont fort bien pu être trompés. Rien ne serait plus dangereux, en matière de contrat de mariage, qu'un système d'interprétation qui voudrait avant tout et au prix des conséquences les plus redoutables, comme des extensions les plus hasardées, arriver à donner un effet à toutes les clauses d'un contrat, qui

_____

(1) Bourjon Cté, P. VII, ch. 2, s. 6, n° 87 ; et Lebrun, L II, ch. 3, s. 1, n° 12.

souvent ne fait que reproduire les dispositions de nos coutumes déjà consacrées par le code. Une dérogation si considérable à la fois au régime légal et aux principes du droit ne peut s'induire d'une clause à laquelle il est possible de donner un autre sens (1).

129. Mais il a été décidé que la femme pouvait s'ôter la faculté de compromettre ses apports même par ses propres dettes, si les termes étaient suffisamment explicites pour manifester cette intention et la faire connaître aux tiers. Et ces conditions se sont trouvées remplies dans les deux clauses suivantes « que la future se réservait, pour elle et ses héritiers, la faculté, en cas de renonciation à la communauté, de remporter, par privilège et préférence à tous créanciers de ladite communauté ses apports et tout ce qu'elle justifierait lui être échu à quelque titre que ce fût, et ce même pour le cas où la future épouse se serait obligée avec son mari, et pour celui où elle aurait été condamnée » (2). « Les époux adoptent la communauté réduite aux acquêts. La future épouse ou ses héritiers reprendront, en exception de toutes dettes et charges, la généralité des valeurs provenues de son chef, quand même elle se serait obligée ou aurait été condamnée solidairement avec son mari » (3).

(1) Rejet 14 décembre 1858 (Goudernau c. Cosson); trois arrêts de rejets 15 décembre 1858 (Laporte c. Jesson etc); Rejet 29 janvier 1866 (Maisondieu c. Salesse); Rejet 21 décembre 1869 (Chevassu c. Mangin); Cassation 2 décembre 1872 (Chaigneau c. ép. Nivet). En ce sens, Aubry et Rau, *Secus* Laurent t. 23 n° 338 *in fine*.
(2) Rejet 7 février 1855 (de Fontaine c. Rumilly).
(3) Rejet 16 avril 1856 (Clouet c. Appert).

Le bien jugé de ces arrêts a été contestée; on a dit que l'article 1494 exigeait, comme une condition de la reprise des apports, que la femme restât tenue de ses dettes personnelles, et que la clause étant une dérogation aux règles sur les sociétés, on ne pouvait sortir de ses termes (1). Nous croyons au contraire que les arrêts ont sainement appliqué les principes admis en matière de conventions matrimoniales. Il faut laisser de côté les règles sur les sociétés. En matière de contrat de mariage, il y a un principe incontesté, c'est celui de la liberté. Dans les limites des bonnes mœurs et de l'ordre public, les parties peuvent tout ce qu'elles veulent. Elles peuvent donc, tout en se mariant sous le régime de la communauté, emprunter au régime dotal quelques-unes de ses règles, notamment celle qui exempte les biens dotaux de souffrir des obligations contractées par la femme dotale. C'est du moins le parti qu'a adopté la jurisprudence (2) et la plus grande partie de la doctrine. Mais l'opinion contraire a des partisans considérables, par des motifs divers. Il s'agit surtout de savoir dans quelle mesure et à quelles conditions on peut associer la communauté et la dotalité. C'est une question très délicate que nous ne pouvons aborder. Elle demanderait d'assez longs développements (à elle seule elle a rempli des monographies),et elle sort de notre sujet. En effet, elle revient à se demander à quelles conditions s'établit la dotalité (3).

(1) M. Colmet de Santerre, n° 181 b. IV.
(2) Arrêts ci-dessus cités.
(3) Dans le sens de la jurisprudence : Aubry et Rau, Laurent. *Secus* Rodière et Pont.

130. Enfin nous pouvons rencontrer encore une autre dérogation aux conditions ordinaires de cette clause. D'après l'article 1514, le droit de reprendre les apports est subordonné à la renonciation par la femme, et c'est très juste, car on ne peut supposer que la femme se soit réservé la faculté de ne pas souffrir des pertes et de prendre part au partage de l'actif (1). Toutefois une clause très expresse (2) du contrat pourrait lui réserver ce droit et par application de la liberté des conventions matrimoniales, cette clause aurait un effet. Alors elle ne serait plus la convention prévue par l'article 1524, la reprise d'apport franc et quitte, mais une véritable réalisation des choses que les époux paraissent mettre en communauté. Les effets en seraient très différents (3).

(1) Toulouse 24 janvier 1844 (Puech c. hérit. Puech.)

(2) Rejet 1er juillet 1828 (Porcher c. Porcher); Bourges 31 août 1814 (d'Arquinvilliers c. de Berthier Bézy).

(3) Notamment quant au passif. Nous renvoyons à ce que nous en avons dit en traitant des clauses qui restreignent le passif de la communauté.

QUATRIÈME PARTIE

Indication des clauses ne modifiant pas la communauté légale, quant au passif.

SECTION PREMIÈRE.

MISE EN COMMUNAUTÉ JUSQU'A CONCURRENCE D'UNE CERTAINE VALEUR.

131. L'article 1500, 2e alinéa, est ainsi conçu : « Lorsque les époux stipulent qu'ils en *(de leur mobilier)* mettront jusqu'à concurrence d'une somme ou d'une valeur déterminée, ils sont, par cela seul, censés se réserver le surplus ». C'est ce qu'on appelle la clause d'apport jusqu'à concurrence d'une certaine somme. Le mobilier entre dans la communauté, les époux auront seulement à la dissolution le droit de reprendre ce qui excédera la valeur jusqu'à concurrence de laquelle ils ont déclaré l'y mettre. C'est ce que dit formellement l'article 1503 : « chaque époux a le droit de reprendre et de prélever, lors de la dissolution de la communauté, la *valeur* de ce dont le mobilier qu'il a *apporté* lors du mariage ou qui lui est échu depuis, excédait sa mise en communauté ».

De ce que le mobilier entre en communauté et que les époux n'en reprendront que la valeur, il résulte qu'il devient le gage des créanciers de la communauté et du mari, même quant à la part dont la valeur a été réservée. Pour cette valeur, l'époux qui a fait l'apport sera créancier et viendra au marc le franc.

Cette différence entre cette clause et celles de réalisation est le résultat de la volonté des parties. En employant les clauses de réalisation, elles conservent la propriété de leur mobilier. *En mettant leur mobilier dans la communauté,* jusqu'à concurrence d'une somme, elles se réservent seulement une créance. Ils peuvent choisir suivant les circonstances ; leur volonté est souveraine.

132. Cette clause ne produira aucun effet sur le passif. Il n'y aura séparation de dettes, ni envers les créanciers, ni entre les époux. C'est encore une application de l'idée fondamentale que nous avons énoncée dès le début de ce travail, à savoir que le passif suit l'actif et que la communauté, quand elle a les meubles des conjoints, supporte la charge de leurs dettes mobilières. Des auteurs d'une grande autorité ont pourtant prétendu que la communauté n'était tenue envers les créanciers que sauf récompense. Nous croyons qu'on a confondu deux idées différentes : la *déduction* avec la *séparation* de dettes. Il serait contraire à tous les principes d'admettre une séparation de dettes tacite, en vertu d'une clause qui laisse à la communauté la même composition que s'il n'y avait pas eu de contrat. Mais on arrivera à un résultat pratique identique. Car pour rendre l'apport effectif, on déduira sur la valeur des biens

apportés, le montant des dettes que la communauté a dû payer à la décharge de celui qui a fait l'apport. Ainsi, si nous supposons qu'un époux ait promis un apport de 20.000 francs et qu'il ait en effet apporté 20.000 francs de meubles, mais en même temps 10.000 francs de dettes, il devra à la communauté récompense de 10.000 francs ; non pas pour les dettes qu'elle a payées à son acquit, mais comme complément de son apport. En effet, il n'a réellement apporté que 10.000, puisque des 20.000 francs, il faut déduire une charge de 10.000 francs qui les diminuait. *Non sunt bona nisi deducto œre alieno.*

SECTION DEUXIÈME.

AMEUBLISSEMENT INDÉTERMINÉ (1).

133. « L'ameublissement est indéterminé quand l'époux a simplement déclaré apporter en communauté ses immeubles jusqu'à concurrence d'une certaine somme » (art. 1506). Cet ameublissement n'aura, croyons-nous, aucun effet sur la composition du passif de la communauté, ni sur les droits de ses créanciers.

134. Et d'abord rien n'est changé à la composition du passif de la communauté. Nous allons montrer ci-dessous que le mobilier présent et futur entre dans l'actif social, tandis que les immeubles en restent exclus. Nous pouvons

(1) Pour les généralités sur l'ameublissement et pour la terminologie, voir IIe partie, chap. II.

donc dire que la composition du passif, qui est en général corrélative à celle de l'actif, ne subira aucune modification. Du reste, dans le doute sur l'intention des parties, on ne doit pas s'écarter des règles de la communauté légale (art. 1528).

135. Les créanciers du mari et de la communauté n'auront pas le droit de poursuivre le paiement de leurs dettes sur les immeubles ameublis par la femme. Car ce n'est que les biens de leur débiteur qui forment le gage des créanciers ; or les biens de la femme ne sont pas la propriété de la communauté, et ne sont par conséquent pas frappés du droit de gage général de l'article 2093. Sans doute le mari pourra les hypothéquer, et ainsi ils pourront se trouver frappés d'un droit de gage spécial, au profit de ses créanciers et de ceux de la communauté, mais c'est là une dérogation, une anomalie ; il n'en reste pas moins vrai, malgré cette exception à la disposition si naturelle de l'article 2124, que ces biens ne sont pas dans le patrimoine de la communauté. C'est ce qu'il est facile d'établir.

136. En effet, la loi elle-même consacre cette solution dans l'article 1508 : « L'ameublissement indéterminé ne rend point la communauté propriétaire des immeubles qui en sont frappés ; son effet se réduit à obliger l'époux qui l'a consenti, à comprendre dans la masse, lors de la dissolution de la communauté, quelques-uns de ses immeubles, jusqu'à concurrence de la somme par lui promise. Le mari ne peut, comme en l'article précédent, aliéner en tout ou en partie, sans le consentement de sa femme, les immeubles

sur lesquels est établi l'ameublissement indéterminé; mais il peut les hypothéquer jusqu'à concurrence de cet ameublissement ». En face des termes de cet article, il n'y aurait aucune difficulté, s'il ne renfermait pas une singulière anomalie. En effet, il est difficile de trouver un motif juridique de la différence qu'établit la loi entre les effets de l'ameublissement indéterminé et ceux de l'ameublissement déterminé jusqu'à concurrence d'une somme. Il n'y en a pas davantage pour justifier la différence de résultat établie par la loi elle-même entre l'ameublissement de tous les immeubles jusqu'à concurrence d'une certaine somme et la clause d'apport du mobilier jusqu'à concurrence d'une valeur déterminée (art. 1500 et 1503). Dans les deux cas, les termes de la convention sont les mêmes, elle devrait donc produire un effet analogue.

Nous reconnaissons l'anomalie, mais nous ne pouvons l'écarter, en face de textes précis. Elle s'explique, croyons-nous, par l'influence de la tradition et des idées économiques de nos anciens auteurs. Les effets qu'attribue le code à l'ameublissement indéterminé sont ceux que Pothier lui reconnaissait déjà. Il disait en effet : « tant que cet ameublissement demeure indéterminé, tant que les parties n'ont pas réglé entre elles, lesquels des immeubles de ce conjoint entreraient dans la communauté, aucun n'y est entré, et la communauté n'a qu'un simple droit de créance et une simple action contre le conjoint qui a fait l'ameublissement, pour l'obliger, lors de la dissolution de la communauté, à comprendre dans la masse des biens de la communauté qui sont à partager, quelques-uns de ses immeubles jusqu'à concurrence de la somme par lui promise » (1).

C'était une interprétation restrictive tenant à la faveur dont on entourait la conservation des immeubles dans les familles ; on laissait d'autant plus facilement tomber en communauté les meubles que les·époux avaient réalisés, qu'ainsi on se rapprochait du droit commun et que l'on attachait assez peu de prix à leur conservation. On y laissait bien encore tomber quelques immeubles ameublis en tout ou en partie. Mais quant à l'universalité des immeubles, on ne se résignait à en ôter la propriété aux époux qu'en face d'une clause très formelle, d'une clause de communauté universelle. Et cette faveur due aux immeubles faisait décider à la jurisprudence, comme le décide encore aujourd'hui notre code, que le mari dans notre cas n'avait aucun droit d'aliénation sur les immeubles ameublis. C'est Pothier qui nous l'apprend, en combattant cette décision par des raisons très contestables sans doute (2), mais inspirées par le désir de ramener l'unité dans l'interprétation de clauses qui logiquement pro-

----

(1) Pothier n° 313.

(2) « Je pense néanmoins que les ameublissements se faisant principalement pour qu'il y ait un fonds de biens de communauté dont le mari puisse en cas de besoin disposer, la clause d'un ameublissement indéterminé que la femme fait de ses immeubles, jusqu'à concurrence d'une certaine somme, renferme tacitement un pouvoir qu'elle donne au mari, tant qu'elle n'a pas encore déterminé son apport, d'aliéner ceux des immeubles qu'il jugera à propos jusqu'à concurrence de la dite somme, et l'aliénation qu'en fera le mari déterminera l'apport indéterminé de la femme à ceux qu'il aura aliénés » (n° 313).

duiraient des effets identiques : la clause d'apport d'une somme et celle d'ameublissement indéterminé.

SECTION TROISIÈME.

DU PRÉCIPUT.

1° Notions Générales.

137. Le mot préciput vient de *præcipere*, prendre avant. Il indique un prélèvement, par conséquent une masse commune à partager et le fait, par un des co-partageants de prendre avant le partage sur cette masse quelque chose hors part. La loi, dans la rubrique de notre section, a ajouté au mot préciput le mot conventionnel, c'est un souvenir de l'ancien droit. Autrefois en effet il existait au profit de certaines personnes un préciput légal (1). Aujourd'hui il a disparu. Nous allons voir néanmoins qu'il faut encore distinguer deux sortes de préciputs.

138. La définition que donne du préciput l'article 1515 n'a rien de rigoureux ni de limitatif. Elle vise le *plerumque fit* ; mais en laissant toute liberté à la convention des parties. L'article dit *une certaine somme* ou *une certaine quantité d'effets mobiliers* ; elles pourraient convenir qu'il portera sur un corps certain ou même sur un ou plusieurs immeubles, auxquels l'une d'elles attache un intérêt d'affection. L'article suppose qu'il est institué en faveur du

---

(1) Pothier n° 414. Coutume de Paris art. 238. A Orléans il n'existait pas.

survivant ; si bizarre que cela puisse paraître à première vue, il n'interdit pas d'en faire, au contraire, profiter les héritiers du prémourant.

139. Si le préciput a été stipulé au profit du mari ou de ses héritiers, pas de difficulté ; il suffit pour leur y donner droit, que la condition à laquelle son ouverture est subordonnée se soit réalisée. S'il a été stipulé au profit de la femme survivante ou de ses héritiers, la réalisation de cette seule condition ne suffirait pas. Il y a alors, dans la convention de préciput, comme une condition sous-entendue par le législateur, ou plutôt il y a une condition que les époux y ont tacitement, mais évidemment insérée. La femme, pour pouvoir exercer son préciput, doit avoir accepté la communauté. Alors, mais alors seulement, elle est copartageante, elle peut exercer un prélèvement *(prœcapere)*. Si elle renonçait, devenue étrangère elle ne pourrait rien prélever sur une communauté dans laquelle elle n'a aucun droit. Comme on l'a très bien dit, on ne concevrait pas le *jus prœcipiendi* au profit de quelqu'un qui n'aurait pas le *jus capiendi*.

140. Telle est l'interprétation que la loi fait de la convention des parties. Mais les contrats sont libres dans notre droit, et la loi a souvent fait l'application de ce principe aux conventions matrimoniales. Aussi la volonté des époux exprimée clairement peut réserver son préciput à la femme renonçante. Dans ce cas cette clause ne constitue plus absolument un véritable préciput et il y a quelque difficulté à déterminer exactement les effets de ce droit qu'on appelle généralement préciput improprement dit. Voyons

successivement si l'un et l'autre modifient en quelque façon les règles établies pour le passif de la communauté légale.

2º Préciput proprement dit.

141. La stipulation d'un droit de préciput n'a d'influence ni sur les droits des créanciers, ni sur le règlement du passif entre les époux. C'est ce qu'il est facile d'établir.

Le préciputaire peut avoir droit, ou à un corps certain, ou à une quantité, ou enfin à l'option entre un corps certain et une quantité. Si on reconnaissait au préciputaire un droit de créance, on dirait : s'il réclame un corps certain, il en est devenu propriétaire sous condition, en même temps que créancier conditionnel, et ce droit met un obstacle à toute atteinte du chef des créanciers, car si la condition se réalise, le bien sur lequel porte le préciput sera réputé avoir toujours été un propre. S'il a droit à une quantité, il en est créancier et doit venir en concours avec les autres créanciers, limitant leurs droits par le sien. Raisonner ainsi serait méconnaître la nature du droit de préciput, telle qu'elle est attestée par la tradition et par les textes de notre section. Pothier disait, en effet, que le préciput n'étant que le droit de prélever sur la masse, ne peut avoir lieu, qu'autant qu'il y a de quoi prélever (1). De même, il résulte des articles 1515 et 1519 que l'époux préciputaire ne pourra jamais opposer son droit aux créanciers.

(1) Pothier, nº 448.

L'article 1519 vise spécialement le cas où l'objet du préciput est un corps certain. C'est alors que quelques doutes auraient pu s'élever. Aussi l'article accorde-t-il expressément aux créanciers la faculté de saisir cet objet, sans s'arrêter aux droits de l'époux. Et l'article 1515 dit que le préciput ne s'exerce que sur la masse *partageable*. On doit donc d'abord distraire les récompenses, reprises remplois et indemnités des époux, dans l'ordre qu'indique la loi, distraire encore les deniers déclarés propres, les dettes de la communauté, et enfin déterminer les récompenses qui peuvent lui être dues. On a alors la masse *partageable* sur laquelle on va prendre le préciput; et s'il ne reste rien dans la masse, le préciput est caduc.

Il n'a donc aucune influence sur les droits des créanciers de la communauté, puisque le préciputaire ne vient pas concourir avec eux, et que si le prélèvement du préciput avait eu lieu avant le complet désintéressement des créanciers, la femme serait tenue de le comprendre dans l'émolument dont elle leur doit compte (art. 1483). Il n'en a pas davantage sur la contribution des époux aux dettes, car ils les supportent comme si cette clause n'existait pas. Le préciput ne diminue en rien non plus les droits des créanciers de l'un ou de l'autre époux. Ils ne seront pas troublés dans leurs poursuites sur les biens de leur débiteur par le concours de l'époux préciputaire, puisque l'article 1515 lui refuse un recours sur les biens de son conjoint, dans le cas d'insuffisance des biens communs (1).

(1) Rouen 22 juillet 1850; Cassation 3 août 1852, (Héritiers Vimard contre veuve Vimard).

3º Du Préciput improprement dit (1).

142. Au point de vue qui nous occupe, nous assimilons le préciput de la deuxième espèce à celui de la première, sous cette seule différence que la femme qui ne pourra l'exercer sur les biens communs, aura un recours sur les biens personnels de son mari (art. 1515 2e alinéa).

Nous pensons que non seulement les créanciers pourront saisir les biens sur lesquels il porte (art. 1519), sans être primés par la femme, mais qu'ils n'auront même pas à subir son concours. Cette dernière proposition est généralement repoussée. De très sérieux motifs ont déterminé la presque unanimité des interprètes à distinguer sur ce point entre les deux préciputs et à adopter, pour chacun d'eux, une solution différente. Nous devons voir quels sont ces motifs et ceux que nous avons pour ne pas nous ranger à cette manière de voir.

Le préciput, dit-on, change de nature quand il a été stipulé au profit de la femme renonçante. Elle ne peut plus exercer un droit de prélèvement puisqu'il n'y a plus de masse à partager, plus de droits à elle. La loi a pris en considération plutôt ce que les parties ont voulu que ce qu'elles ont dit, *quod actum est, non quod dictum est.* Pour donner une efficacité à cette convention, elle en a fait naître pour la femme le seul droit qui puisse lui appartenir, un droit de créance sur la communauté et sur les

(1) Uniquement exercé par la femme, puisqu'elle seule peut renoncer.

biens de son mari, puisque, par l'effet de sa renonciation, celui-ci est tenu seul de toutes les obligations de la communauté (1515). Dans ce cas si, comme nous le voyons, il n'y a plus moyen de parler de prélèvement, mais de créance, il n'y a plus de raison de dire qu'elle n'exercera son droit que sur l'actif net, ni qu'elle sera primée par les créanciers. Pourquoi établir entre les divers créanciers des privilèges que la loi ne connaît pas ? La femme a une créance comme les autres, elle viendra au marc le franc avec les autres, ou plutôt, grâce à l'hypothèque légale qui garantit ses conventions matrimoniales, souvent elle primera les autres (1).

Nous pensons, au contraire, que la femme ne passera jamais qu'après les autres créanciers. Il est un cas où la loi elle-même indique que son droit ne leur sera pas opposable. C'est celui où, tout en renonçant, elle devrait reprendre un corps certain, tel qu'un immeuble, un bijou de famille, un portrait. Alors l'article 1519 montre que sa créance est soumise à la condition que les créanciers n'exerceront pas leur droit sur cet objet. Son droit de créance et de propriété n'existe que sous cette condition résolutoire. Pourquoi la loi en aurait-elle décidé autrement lorsque son droit porte sur une quantité ? Pourquoi la loi aurait-elle alors modifié son système ? Est-ce qu'il n'est pas permis d'attribuer à autrui un droit de préférence sur son propre droit ? Est-ce qu'on annulerait la clause expresse que la femme entend n'être nantie de son préciput qu'après le désintéressement des créanciers ? Un des partisans de l'opinion opposée,

(1) La plus grande majorité des auteurs, notamment Colmet de Santerre, Rodière et Pont.

M. Colmet de Santerre (1), reconnaît lui-même que rien n'empêcherait une telle stipulation. Cette intention résulte justement du choix du mot *préciput* par lequel les parties ont désigné leur convention. Elles pouvaient stipuler une reprise d'apport ou un partage inégal de communauté, elles ont choisi la clause de *préciput*, les créanciers en profiteront. Est-il, du reste, si étrange qu'une femme ne veuille pas réaliser un bénéfice au préjudice de ceux qui ont eu confiance dans l'administrateur à qui elle a confié ses intérêts ? Est-il si favorable, pour augmenter le bénéfice que réalisera la femme, d'aggraver les pertes des créanciers.

(1) T. 6, nᵒ 185 b., I.

POSITIONS.

DROIT ROMAIN.

I. L'introduction de la *restitutio in intégrum ob dolum* est postérieure à celle de l'action de dol. (n⁰ 20, p. 17).

II. Pour motiver la *restitutio ob dolum*, il suffit de l'omission d'un gain d'une certaine importance; il n'est pas nécessaire qu'il y ait eu une perte proprement dite. (n⁰ 32, p. 31).

III. La *restitutio ob dolum* avait un domaine propre. Hors de ces hypothèses spéciales, elle n'était pas employée. Son existence peut donc se concilier avec celle de l'action de dol. (n⁰ˢ 24-27, p. 21-27).

IV. Les juges pouvaient restituer contre leurs propres sentences. (n⁰ 39, p. 37.).

V. La restitutio ob dolum ne pourra atteindre le sous acquéreur à titre onéreux. (n⁰ 43, p. 41).

DROIT CIVIL.

I. Au cas de séparation de dettes, l'existence d'un inventaire n'empêche pas les créanciers du *mari* de saisir les biens apportés par la femme. (n⁰ 14, p. 85).

II. La clause de franc et quitte produit séparation de dettes dans les rapports des époux l'un avec l'autre ; mais elle n'a pas cet effet envers les tiers. (nos 74-76, p. 153-157).

III. Le mari n'acquiert pas *en général* la propriété des meubles réalisée par sa femme. (nos 35 à 43 ; surtout 40 à 43, p. 112 à 128).

IV. La doctrine contraire enseignée par Pothier était bien celle de l'ancien droit. (no 42, p. 104).

V. Le mari acquiert pourtant la propriété des meubles réalisés s'ils ont été estimés. (no 39, p. 110).

VI. Comment se partagent les dettes dans le cas de communauté réduite aux acquêts immobiliers ? Par moitié, et non proportionnellement à la valeur respective des immeubles et des meubles. (no 61, p. 139).

VII. La clause de séparation de dettes, expresse ou tacite, n'atteint que les dettes antérieures au mariage. (no 5 et 6, p. 69 et s. ; no 59, p. 137).

VIII. La clause d'ameublissement empêche qu'il y ait lieu à récompense pour les dettes mobilières relatives aux immeubles ameublis. (no 96, p. 178).

IX. Au cas de *forfait* de communauté, la femme qui la conserve toute entière ne peut se prévaloir du bénéfice de l'article 1483. (no 114, p. 194).

X. Le préciput ne peut s'exercer qu'après le complet désintéressement des créanciers. Il en est ainsi, quand même il serait accordé à la femme renonçante. (no 142, p. 223).

DROIT CRIMINEL.

I. Le tiers civilement responsable peut de lui-même *intervenir* dans une poursuite criminelle, correctionnelle ou en simple police.

II. La cour d'assises ne peut prononcer la liberté provisoire, quand même elle n'aurait appliqué que des peines correctionnelles.

DROIT ADMINISTRATIF.

I. L'arrêté de délimitation d'un grand cours d'eau qui en aurait étendu les limites, ne peut être attaqué que devant le Conseil d'État pour excès de pouvoir.

II. Les contraventions de grande voirie sont couvertes par le délai d'un an. Cette prescription n'éteint pas l'action en suppression des ouvrages empiétant sur le domaine public.

Vu par le Président,
A. BOISTEL.

Vu par le Doyen,
CH. BEUDANT.

Vu et permis d'imprimer :
Le Vice-Recteur de l'Académie de Paris,
GRÉARD.

TABLE DES MATIÈRES.

DROIT ROMAIN.

DE L'IN INTEGRUM RESTITUTIO OB DOLUM.

CHAPITRE PREMIER. — De l'in integrum restitutio en général . 3

CHAPITRE II. — De la restitution pour dol 6

Section première. — Du dol. 6

Section II. — Introduction d'une répression 10

§ I. — Modes exceptionnels 11

§ II. — Modes de droit commun. 12

Section III. — Restitutio ob dolum 13

CHAPITRE III. — Domaine de la restitutio ob dolum 18

Section première. — Domaine théorique de la restitutio ob dolum. 18

Section II. — Domaine réel de la restitutio in integrum . . 21

CHAPITRE IV. — Conditions de la restitutio ob dolum 27

CHAPITRE V — Procédure 36

Section première. — Comment la restitution est-elle demandée ? 36

§ I. — Compétence. 36

§ II. — Par qui est demandée la restitution ? 40

§ III. — Contre qui est demandée la restitution ?. . . . 40

§ IV. — Dans quel délai doit-elle être demandée ? . . . 48

§ V. — Formes de la demande. — Son effet. 50

Section II. — Comment la restitution est-elle accordée ? . . 52

CHAPITRE VI — Effets de la restitution prononcée. 58

DROIT FRANÇAIS.

DE L'INFLUENCE DES CLAUSES DE COMMUNAUTÉ CON-
VENTIONNELLE SUR LES DROITS DES CRÉANCIERS ET
LE RÈGLEMENT DU PASSIF ENTRE LES ÉPOUX.

AVANT-PROPOS. 63
PREMIÈRE PARTIE. — Clauses restreignant, quant au passif, les
effets de la communauté légale. 66
Généralités 66
CHAPITRE PREMIER. — Clauses produisant cet effet, même à
l'égard des créanciers. 69
Section première. — Séparation de dettes expresse. . . . 69
1° Portée de cette clause 69
2° Effets à l'égard des créanciers 81
3° Effets entre les époux 91
Section II. — Séparation de dettes tacite 97
Préliminaires 97
§ I. — Séparation de dettes résultant de la clause de
réalisation expresse. 98
1° Notions générales. 98
2° Séparation de dettes 99
3° Concours des époux avec les créanciers 107
§ II. — Séparation de dettes résultant de la clause d'emploi. 132
§ III. — Séparation de dettes résultant de la réduction de
la communauté aux acquêts. 136
1° Séparation de dettes 136
2° Influence sur le droit de gage des créanciers 141
§ IV. — Séparation de dettes résultant de la mise en
communauté d'un apport déterminé 147
CHAPITRE II. — Clause produisant cet effet uniquement entre les
époux. 153
Clause de franc et quitte 153
1° Notions générales. 153

2º Etude spéciale des effets à l'égard du conjoint . . . 158

DEUXIÈME PARTIE. — Clauses étendant, quant au passif, les effets de la communauté légale. 167

Généralités 167

CHAPITRE PREMIER. — Clauses produisant cet effet, même à l'égard des créanciers. 169

Section première. — Communauté de tous biens 169

Section II. — Communauté de tous biens présents 171

Section III. — Communauté de biens à venir. 173

CHAPITRE II. — Clause produisant cet effet uniquement entre les époux. 174

De l'ameublissement déterminé 174

TROISIÈME PARTIE. — Clauses modifiant les règles de la communauté légale, quant au partage du passif 183

Généralités 183

CHAPITRE PREMIER. — Clauses produisant cet effet même à l'égard des créanciers. 186

Section première. — De l'attribution de parts inégales. . . 186

Section II. — Du forfait de communauté 189

Section III. — De l'attribution de toute la communauté à l'un des époux 197

CHAPITRE II. — Clause produisant cet effet uniquement entre les époux. 199

Faculté de reprendre l'apport franc et quitte 199

QUATRIÈME PARTIE. — Indication des clauses ne modifiant pas la communauté légale, quant au passif 213

Section première. — Mise en communauté jusqu'à concurrence d'une certaine valeur. 213

Section II. — Ameublissement indéterminé 215

Section III. — Du préciput 219

1º Notions générales 219

2º Préciput proprement dit. 221

3º Préciput improprement dit 223

Positions. 227

Amiens. — Typ. DELATTRE-LENOEL, rue de la République, 32.